C. CAUVIN

DIGNOIS ET BAS-ALPINS

AU

MOYEN AGE

CONFÉRENCES

FAITES A DIGNE A LA LIGUE DE L'ENSEIGNEMENT

DIGNE

IMPRIMERIE CHASPOUL ET Vᶜ BARBAROUX

20, Place de l'Évêché, 20

—

1904

C. CAUVIN

DIGNOIS ET BAS-ALPINS

AU

MOYEN AGE

CONFÉRENCES

FAITES A DIGNE A LA LIGUE DE L'ENSEIGNÉMENT

DIGNE

IMPRIMERIE CHASPOUL ET Vᵉ BARBAROUX

20, Place de l'Évêché, 20

. 1904

DIGNOIS ET BAS-ALPINS

AU MOYEN AGE

Nous sommes généralement peu curieux de notre histoire locale ; nous enseignons aux enfants par le détail l'histoire grecque, l'histoire romaine ; nous laissons ignorer aux Provençaux l'histoire de leur petite patrie, la Provence. A plus forte raison, n'ont-ils trop souvent aucune idée de l'histoire de leur ville, de leur village. N'y a-t-il pas pourtant dans les archives de la plus petite commune des faits à glaner, des usages à retenir plus intéressants pour nous que les grands faits de l'histoire générale, puisque nos pères y ont pris part. Sur le sol que nous foulons aux pieds, dans ces rues étroites, tortueuses de nos vieilles cités bas-alpines, n'y a-t-il pas des gens qui ont peiné, lutté, souffert pour assurer à leurs descendants une somme plus grande de bien-être. Dans les parchemins, dans les registres jaunis et rongés qui ont survécu à tant de bouleversements, quelque chose de leur âme palpite encore. N'est-ce pas un pieux devoir de rappeler les péripéties émouvantes de leur lutte contre la féodalité oppressive qui les enserrait de toutes parts, d'esquisser à grands traits leur manière de vivre ?

achevé à la fin du XVe siècle (1). Le Bourg a bien obtenu certaines libertés, car cette élection de consuls de 1297, dont parle Gassendi, dut être le résultat d'un mouvement général des habitants contre l'autorité de leur seigneur féodal, le prévôt (2).

Les privilèges concédés à la suite de ce mouvement parurent sans doute insuffisants et inférieurs à ceux dont jouissaient les habitants du château, puisque la plupart des Dignois abandonnèrent la vieille ville pour la nouvelle.

Quelle est donc l'organisation politique du château au XIIIe et au XIVe siècle, au moment où les parchemins découverts et classés par Guichard nous permettent d'avoir une idée assez nette de ce qui se passe à Digne ?

En tête de la hiérarchie, viennent d'abord les comtes de Provence. Ce sont de nobles et puissants personnages, si l'on en juge par les titres qu'ils prennent ; voyez plutôt Charles V d'Anjou ; il s'intitule, en 1272, *Karolus, Dei gracia, rex Jerusalem et Sicilie, ducatus Apulie et principatus Capue, alme urbis senator, Andegavie, Provincie et Forcalquierii Comes, Romani imperii in Tuscia per sanctam romanam ecclesiam vicarius generalis.*

Il ne faut pas que cet étalage de titres vous fasse illusion. Le comte de Provence n'est que le premier des seigneurs, le plus grand des propriétaires de la Provence. S'il est fort, il est respecté ; sinon, il voit se dresser devant lui de nombreux compétiteurs ; il a toujours à craindre la

---

(1) GUICHARD, *Cominalat*, I. p. 5. Voir la requête présentée en 1437 au roi René. Presque tous les habitants du Bourg se sont transportés au château. Il est arrivé à Digne ce qui s'est passé à Montauban, Montpellier, Blois, Saint-Omer, Saint-Valéry, etc...., qui ont grandi autour d'un château, d'une abbaye. « Il fait bon vivre sous la crosse », en ce temps là.

(2) Ce qui semble confirmer l'opinion de Gassendi, c'est qu'il n'est pas question des consuls du Bourg en 1221 dans la confirmation des privilèges sur le Bourg, accordés au prévôt de Digne, par Raymond Bérenger. (GUICHARD, *Cominalat, Preuves*, XI, p. 16).

révolte de ses puissants vassaux désireux d'accroître leurs domaines à ses dépens. Ses prédécesseurs, d'ailleurs, n'ont-ils pas donné l'exemple de la révolte ? Ce Bozon, le premier des comtes de Provence, était-il autre chose qu'un gouverneur au service du roi ? En 879, à la mort de Louis le Bègue, il a profité de la faiblesse des deux héritiers du trône pour se faire proclamer roi par une assemblée d'évêques et de seigneurs, réunis à Mantailles, le 15 octobre. Pourquoi ne l'imiterait-on pas ? Faut-il s'étonner de voir aussi le roi de France intervenir le plus souvent possible pour remettre la main sur ce beau joyau de sa couronne? Si le morcellement féodal a ruiné pour longtemps son autorité, d'autres voisins, entre autres l'empereur d'Allemagne, essayeront bien souvent de s'immiscer dans les affaires du comte, de réclamer son héritage au nom de quelque ascendant lointain.

De là, la vie agitée que mènent ces princes toujours occupés à défendre leurs possessions ou à en ajouter de nouvelles.

En 1246, Charles 1er d'Anjou, à peine installé (1), cherche à se rendre compte de l'étendue de son domaine et de ses droits ; un de ses commissaires vient à Digne interroger les habitants notables et vérifier les empiétements commis au détriment du comte par l'évêque (2).

Mais à peine Charles Ier a-t-il mis quelque ordre dans ses affaires, qu'il lui faut partir pour la croisade, aller combattre en Egypte avec saint Louis ; il n'y reste, d'ailleurs, que le moins possible et laisse son frère courir les

---

(1) Charles Ier d'Anjou était devenu comte de Provence par son mariage avec Béatrix, quatrième fille de Raymond Béranger et son héritière des comtés de Provence et de Forcalquier, le 30 janvier 1246.

(2) Le 25 décembre 1246, (GUICHARD, *Cominalat, Preuves*, 16, p. 31), Charles d'Anjou, frère de Saint-Louis, élevé à la Cour de France, était décidé à revendiquer les droits qu'il tenait de sa femme. Il est bien de la famille de Philippe le bel, le roi des légistes. .

aventures loin de ses Etats. Pour lui, il a trop à faire
dans les siens. En son absence, l'évêque de Digne, Boniface,
a accentué ses empiètements. Il faut l'amener à composi-
tion, lui faire signer la fameuse transaction du 30 septem-
bre 1257, et l'obliger à reconnaître la souveraineté du
comte (1). Mais d'autres préoccupations assaillent bientôt
Charles d'Anjou. En 1265, le pape Clément lui octroie le
royaume des Deux-Siciles et désormais commencent les
chevauchées dans cette Italie au mirage trompeur. Nos
braves Provençaux sont abandonnés aux soins de son fils
Robert, duc de Calabre, et Charles s'en va guerroyer au
fond de l'Italie. Il y meurt, en 1309, et Robert hérite de
tous ses Etats. Ce fut réellement un prince bon pour les
Dignois ; Pétrarque en a fait un très grand éloge, mais
l'Italie l'attirait et plus d'une fois ses sujets durent fournir
les subsides nécessaires à la guerre. Son fils Charles, duc
de Calabre, étant mort laissant deux filles, Jeanne et
Marie, Robert, pour leur conserver l'héritage de leur
père, n'eut d'autre moyen à employer que de fiancer l'aînée
Jeanne au plus puissant des compétiteurs au trône, à
André de Hongrie. Et voici que s'évoque à nous le
souvenir de cette fine et aimable princesse, à laquelle
la tradition attribue la construction du château dont
les ruines se dressent encore près des Bains. Les
Dignois lui avaient voué une affection respectueuse
et conservent encore d'elle un souvenir attendri. Cette
admiration se conçoit : c'est à 18 ans qu'ils la virent
passer se rendant en Italie dans tout l'éclat de sa fraî-
cheur, de sa grâce souriante, au milieu de ses dames
d'atour, fleur au milieu de fleurs. « Elle est, dit Boccace,
de fort belle apparence et d'une physionomie douce et
piquante à la fois, sa parole est gracieuse et facile et elle
joint à cet air de grandeur, qui rappelle sa majesté royale,
ce tact exquis qui distingue quelques femmes privilégiées,

(1) Guichard, *Cominalat*, t. II, p. 33, *preuve* 18.

femme bonne, douce, aimable, elle ne traite jamais ceux qui l'entourent en reine, mais en amie. » Pauvre femme ! Les Italiens ne l'appréciaient pas comme leur illustre compatriote ; que de mal n'en ont-ils pas dit ? Elle aimait le plaisir ; elle fut quelque peu légère ; aussi l'accusa-t-on d'avoir fait périr son mari, un peu sympathique personnage, grossier, grognon, envieux, un vrai trouble-fête. Les circonstances la condamnent ; mais il ne m'appartient pas de lui jeter la pierre ; le pape Clément VI l'innocenta solennellement, en 1352 (il lui avait acheté à bas prix, en 1348, la ville d'Avignon), et je ne saurais être plus difficile que lui. D'ailleurs elle aimait tant ses Dignois, ses bons et dévoués sujets ! Peut-être eût elle pu mieux sauvegarder les apparences et ne pas épouser, moins d'un an après son veuvage le prince Louis de Tarente, aimable compagnon, qu'elle perdit bientôt, regretta beaucoup et remplaça le plus tôt possible, dix mois après, par Jacques d'Aragon, un prince brutal, qui périt en combattant pour recouvrer son royaume d'Aragon et ses comtés de Roussillon et de Cerdagne. Ces trois expériences eussent dû lui suffire, il me le semble du moins, et cependant, peu après, en 1376, elle épousait Othon de Brunswick. Sa fin fut bien triste, Charles de Duras, son neveu, furieux de voir qu'elle ne lui avait pas assuré sa succession, la fit étouffer entre deux matelas (22 mai 1382). Elle avait laissé ses biens à Louis d'Anjou ; il mourut en Italie et sa veuve, Marie de Blois, eut la tutelle de son jeune fils Louis III. Ce fut cette princesse qui assura à nos ancêtres l'autonomie municipale en leur accordant le syndicat.

Tels furent les princes qui se succédèrent dans cette période (1245-1385). J'ai tenu à les faire connaître, car, malgré leurs défauts, ils firent toujours preuve d'un grand esprit de justice dans leurs rapports avec les Dignois et bien des fois les favorisèrent même ouvertement. Il est vrai que ces derniers avaient pour eux tant d'attentions pécuniaires ! Les grands vassaux au contraire avaient parfois à l'égard de leurs souverains des procédés qui ne manquent pas de brusquerie, pour ne pas dire plus. En 1348, Jeanne, de retour de l'Italie, était à peine arrivée à Aix, que plusieurs grands seigneurs se réunirent, s'assurèrent de sa personne, et ne lui rendirent la liberté que lorsqu'elle eut pris l'engagement solennel de ne jamais nommer aux emplois, tant civils que militaires, que des Provençaux et de ne jamais aliéner le comté de Provence. C'était la carte forcée! Les grands vassaux, les évêques eux-mêmes se faisaient souvent tirer la manche pour venir rendre aux comtes l'hommage qui leur était dû à leur avénement. Aussi les souverains n'étaient pas fâchés de voir grandir cette nouvelle puissance des communes destinée surtout à servir de frein aux ambitions féodales. Comment d'ailleurs les peuples auraient-ils résisté à la séduction qui se dégage de cette bonhomie avec laquelle les souverains se présentent devant leurs sujets? Comme nous sommes loin de l'étiquette savante de la Cour de Byzance! Une aimable simplicité préside aux rapports des princes avec leurs féaux Provençaux. En 1157, noble comte Raymond Bérenger V, rendant la justice à Digne, s'était tout simplement assis dans un pré, au bord de la Bléone, entouré de ses assesseurs, des plaideurs et des témoins. En février 1277, un descendant de ce bon souverain provençal, confirmant quelques privilèges à Forcalquier, s'était installé bourgeoisement sur l'escalier qui menait au clocher « *et comes stabat in scalariis quo ascenditur ad cloquerium* », et là, au bon « cagnard », jouissant de la vue et du soleil, il expédiait ses petites affaires (1). Je ne crois pas qu'on puisse trouver maintenant un souverain d'un abord aussi facile.

---

(1) ARNAUD, *Hist. de la vig. de Forcalquier*, I, 142.

Nous lisons aussi dans un acte notarié, passé par Raymond Bérenger, près de Sisteron, le 8 des ides de novembre 1233, portant création des consuls, ces mots : *actum in prato castelli dicti domini comitis.*

Charles II, n'hésite pas à qualifier d'énormité (*énorme dictum*) la prétention de ses officiers qui voulaient empêcher les Dignois de transiger quand ils avaient engagé un procès et frustraient ainsi les dits officiers des frais considérables qu'ils exigeaient pour rendre la justice.

De ces officiers, les grands sénéchaux, sorte de ministres du comte, les maîtres rationaux, qui règlent les comptes des agents financiers, me paraissent toujours avoir fait preuve d'un grand esprit de justice. Mais il n'en est plus de même des juges qui m'ont l'air d'avoir été toujours très sensibles à l'attrait qu'exerce l'argent. Témoin, ce noble Gabriel des Marquis et ce Guillaume de Sparron qui trouvaient le moyen de faire monter à 2,000 livres les frais d'un procès non terminé que soutenaient les Dignois.

A Digne même, le comte, en sa qualité de souverain, possède le droit de haute et moyenne justice, il partage la basse justice avec l'évêque ; les cas d'homicide, d'adultère, tous les faits entraînant l'effusion du sang ressortent de sa curie, de sa cour.

La justice, à ce moment-là, c'est le droit de lever des amendes sur ceux qui commettent un délit, de confisquer les biens de ceux qui se rendent coupables d'un crime. C'est une rente que s'attribuent les seigneurs, sous prétexte qu'ils maintiennent la paix entre leurs vilains. Aussi, la justice figure dans l'énumération des biens du seigneur ; il la vend, la donne en fief, la partage, et comme armes parlantes il fait dresser un gibet (potence, puissance), où il exhibe les voleurs qu'il fait pendre.

Le comte, à Digne, a donc un officier de justice, c'est le Bailli. C'est un grand personnage ; tout entre dans ses attributions ; il veille à la justice, à la perception des revenus, autorise les assemblées. C'est l'*alter ego* du prince ; à ce titre, il touche la forte somme de 100 livres ; c'est beaucoup pour l'époque. Au-dessous, vient le Juge : 70 livres de traitement ; il exerce au nom du comte les droits de justice, supplée le bailli. Enfin, le troisième représentant du souverain est le Clavaire ; c'est un agent financier, une sorte de percepteur : 24 livres de traitement. C'est bien peu, car, en somme, il a fort à faire si nous en jugeons par une lettre du sénéchal à maître Raymond Niel, clavaire en 1332. On lui donne des détails très précis sur la manière de faire valoir les biens du maître, sur la façon dont il doit tenir les registres ou pendants (il en existe encore de cette époque), où sont consignées les sommes reçues, les quantités de vin, de blé, d'huile en magasin. Comme le crédit dudit clavaire augmente avec les revenus des biens du comte, vous pensez qu'il doit s'arranger pour tondre d'aussi près que possible les Dignois, ses subordonnés. Aussi voyons-nous croître d'une manière alarmante les revenus du comte (je dis alarmante pour nos pères). Certains impôts, qui, en 1246, ne produisaient que 90 à 100 livres, rendent, 50 ans après, 216 livres.

Au-dessous de ces agents supérieurs viennent quelques agents inférieurs : notaires, attachés à la curie, employés chargés de percevoir les droits de péage, crieurs publics et autres.

Tous ces gens, représentant un maître dont le pouvoir est à peu près sans contrôle, ne sont que trop disposés à user, à abuser même de leur autorité et nos pères sont plus d'une fois obligés de protester énergiquement. Ces protestations se conçoivent très bien quand ils ont affaire à un bailli comme le sieur Guillaume Imbert. En 1315, au moment où la famine régnait presque à Digne, où plusieurs incendies avaient désolé le château, ce singulier personnage ne s'était-il pas avisé d'une vexation bizarre : Il voulait tout simplement obliger les voyageurs se rendant à Seyne à abandonner l'ancien chemin de Marcoux pour leur imposer une nouvelle route plus longue et plus dangereuse. Exaspéré par les résistances, il ne s'était pas borné à punir ceux qui ne s'étaient pas conformés à ses exigences, il avait encore employé un moyen radical ; il avait fait défoncer l'ancienne voie, l'avait fait barrer par des haies. Les habitants en appelèrent au sénéchal ; après une enquête souvent entravée, le bailli autoritaire fut destitué (chose rare !) et l'ancien chemin fut rétabli. Je dois ajouter, pour expliquer le succès de leurs démarches, que les Dignois, qui ne manquaient pas de bon sens, s'étaient avisés d'un petit stratagème ; ils avaient laissé entendre au sénéchal que les vexations du bailli n'avaient pas été étrangères au refus d'un subside volontaire que leur demandait le comte. C'était un bon argument, il avait porté !

Mais, il y a mille manières de vexer les subordonnés qui ne savent pas ou ne peuvent pas employer des arguments sonnants. En 1344, un autre bailli, Geoffroy des Crottes, au mépris de tout droit, sans aucun ménagement pour les besoins du commerce, avait fait annoncer par le crieur qu'il défendait aux habitants du château d'exposer en vente les dimanches et jours de fête des marchandises quelconques, sous peine d'amende et de confiscation. Les protestations ne se firent pas attendre !

Les baillis ne sont pas seuls coupables d'excès de zèle. En 1323, deux inspecteurs avaient été envoyés par Robert pour faire une enquête sur les fortifications du château. Or, ces inspecteurs trouvèrent que les Dignois avaient pris des licences particulières. Comme depuis quelque temps déjà le pays n'avait plus été troublé, ils s'étaient avisés de bâtir des maisons sur les remparts (*œdificia magna vel parva supra mœnia*) ils avaient aussi élevé de nombreuses constructions dans les fossés (*in vallatis seu fossatis*). Il est évident que ces bâtiments devaient gêner la défense ; il leur fut donc enjoint de démolir leurs maisons. Nos Dignois se seraient peut-être résignés si les agents du roi ne s'étaient pas avisés d'ordonner encore l'enlèvement des tables et bancs en pierre intallés devant les maisons (*tabulas, bancas, seu porticilia seu murata in carrieris seu viis publicis*), sous prétexte qu'ils pouvaient gêner la circulation des rues et cela dans le délai de trois jours. Vite les habitants se hâtèrent de faire opposition et de recourir à la justice de ce bon roi Robert, qui, heureusement pour eux, se trouvait à Avignon. Pour reconnaître le zèle de ses fidèles Dignois, Robert écrivit à ses délégués de ne plus s'en occuper et l'affaire fut classée, comme nous dirions aujourd'hui.

Après le bailli, après les inspecteurs, vient le juge royal. En 1290, il était, paraît-il, d'une sévérité outrée. Si quelques malheureux, et ils étaient nombreux alors, ne pouvaient payer les impôts, vite il les envoyait en prison réfléchir sur les inconvénients de la pauvreté. Il fallut se plaindre et se plaindre aussi du Clavaire qui ne cessait d'augmenter les revenus du comte en écorchant nos pères.

Ces vexations, d'ailleurs, les Dignois n'étaient pas seuls à les éprouver. A Sisteron, par exemple, les officiers subalternes de la Cour employaient pour se procurer de l'argent un curieux procédé. Le soir, la cloche du palais sonnait la fin du travail ; il fallait se hâter de tout abandonner pour arriver à l'heure fixée aux portes, sinon elles étaient fermées et il fallait ou coucher dehors ou payer une amende. Or les agents, voyant que les Sisteronais étaient toujours très exacts, avançaient ou retardaient l'heure de la retraite et ne tiraient de leur cloche que des sons incertains. Au lieu de laisser aux gens, pour se rendre à la ville, le temps nécessaire, ils fermaient la porte sous prétexte qu'ils sonnaient depuis fort longtemps et qu'on ne les avait pas entendus. A Digne, les vexations prennent parfois une tournure comique. Il était défendu aux habitants, avec juste raison d'ailleurs, de jeter le jour ou la nuit, dans les rues, des balayures, des ordures, de l'eau corrompue (*aquam fetentem*). Cela se comprend : dans les rues étroites, obscures, le jet de toutes ces matières ne pouvait avoir sur les passants que des effets désastreux. Mais pourquoi infliger une amende aux malheureux citoyens

qui, poussés par le désir légitime de rafraîchir la tempé-
rature, répandaient devant leurs portes de l'eau propre ?
Le bon roi Robert dut encore intervenir en 1319 et prier
les agents trop zélés de laisser ses fidèles Dignois arroser
leurs rues tranquillement.

Les geôliers eux-mêmes se mêlaient de tracasser nos
pères. Le gardien des prisons royales n'avait rien trouvé
de mieux, pour augmenter ses petits bénéfices, que d'exiger
des malheureux que l'on confiait à ses bons soins 12 de-
niers par jour, qu'ils fussent coupables ou innocents. Il
fallut encore réclamer. Ces geôliers étaient d'ailleurs des
gens peu sensibles aux misères humaines et ils avaient à
leur disposition des instruments de torture qui font rêver.
Jugez-en plutôt. Parmi les nombreux fers employés, se
trouvaient les ceps. Ils étaient composés de trois planches
reliées entre elles par des vis en fer qui permettaient de
les rapprocher à volonté. On faisait passer la planche du
milieu entre les deux jambes du patient, les deux autres
serrant les jambes extérieurement. On tournait fortement
et on laissait le prisonnier réfléchir et crier à son aise. Je
dois avouer pour l'honneur des geôliers dignois que ces
instruments étaient particulièrement réservés aux ennemis
politiques du comte, aux gibelins ; mais pour être gibelin
on n'en est pas moins homme !

Les agents du prince n'étaient donc pas toujours aima-
bles avec les habitants de Digne ; à leur exemple, les
femmes et les enfants ne se gênaient pas pour traiter un
peu cavalièrement, non les Dignois, mais leurs propriétés.
On allait dans les jardins, dans les prés, on cueillait en
passant quelques fruits par ci par la, et l'on se procurait
ainsi un dessert varié et peu coûteux. Les dégâts deve-
naient si importants, en 1341, que nos pères se mirent
encore à crier, se plaignirent au sénéchal qui fit droit
à leur requête et enjoignit au bailli de punir ces amateurs
de fruits à bon marché.

Toutes ces vexations étaient bien faites pour enlever au

prince l'affection de ses sujets. Craignit-il que ses agents tondant de trop près leurs administrés, il ne restât plus rien pour lui, ou, eût-il peur de voir ses fidèles sujets faire la sourde oreille lorsqu'il leur demanderait quelque subvention extraordinaire? Toujours est-il qu'il se décida, le 5 janvier 1321, à envoyer à ses agents un beau règlement renfermant de nombreux articles pour mettre un frein à leur zèle intempestif. Ajoutons que ces lettres datées de janvier 1321 n'arrivèrent à Digne qu'en 1323. Le service des postes était-il mal fait en ce temps là, ou bien les agents jugèrent-ils bon de retarder le plus possible l'arrivée de ces lettres, qui devaient mettre, en partie, fin à leurs petits bénéfices ? Je vous laisse le soin de conclure! (1).

Quand nos ancêtres avaient contenté le comte et ses agents il leur fallait encore s'entendre avec l'évêque et son clergé, chose d'autant plus difficile que l'évêque résidait généralement à Digne, et que le clergé était pourvu de privilèges qui ne pouvaient que rendre envieux des malheureux pour qui la vie était fort dure. Cet évêque n'est pas seulement un haut dignitaire ecclésiastique, c'est encore un grand seigneur laïque et bien souvent, le caractère de ce dernier l'emporte sur celui du premier. Trop souvent il oublie qu'il représente dans son évêché un Dieu de paix et d'union, il perd de vue sa mission spirituelle pour ne se souvenir que de ses droits seigneuriaux (2). Logé dans ce fier donjon qui domine les miséra-

______

(1) Voir pour ces détails: Guichard : *Essai historique sur le Cominalat*; de Laplane : *Histoire de Sisteron*.

(2) En 1038, l'évêque n'est pas encore seigneur féodal de Digne, c'est un Guigo qui possède alors les droits seigneuriaux. Son fils Hugo, devenu évêque de Digne, dut hériter du fief de son père et transmettre ses biens à ses successeurs, les évêques de Digne, qui devinrent ainsi seigneurs temporels. — Guichard. *Essai historique sur le Cominalat*, I, XLVI, XLVII, XLVIII.

Ce Guigo doit être le descendant de quelqu'un de ces leudes que Charles Martel ou Pépin le Bref avait gratifiés des biens d'Église à titre de précaire.

Voir, sur le rôle de l'évêque pendant la période franque, P. Viollet, op. citato, pp. 380 et suivantes.

bles masures groupées à ses pieds, il n'est que trop porté à considérer les vilains qui s'agitent dans la vallée, qui peinent tout le jour pour retourner cette terre nourricière qui ne leur appartient pas, comme des êtres inférieurs dont on peut tout exiger. Leurs misères, il ne les connaît guère, il ne se mêle pas à eux ; il évite de traverser ces rues étroites, malsaines, où croupit le fumier. Pour aller de son château épiscopal au magnifique jardin qui occupe une partie du Pré-de-Foire actuel, il préfère suivre un passage voûté sur l'emplacement duquel on établira plus tard un jeu de paume. Ces Dignois lui doivent l'hommage ; il le prétend du moins et l'exige avec la dernière rigueur, malgré les protestations des habitants (1).

En sa qualité de seigneur féodal, il jouit de certains privilèges pécuniaires qu'il tient de sa directe qui s'étend sur presque tout le territoire de Digne. Il a le droit de basse justice (2) et l'exerce par l'intermédiaire de son official de qui relèvent d'ailleurs tous les cas qui concernent les clercs ; il lui revient des censes (fermages), des taxes (tailles), sur le blé, l'avoine, le vin, etc., il s'attribue le droit de s'adjuger les terres de ceux qui sont condamnés, c'est le droit de commisse ou de confiscation.

Il a le droit de lods (sur les ventes), un droit sur les foins, les moulins, les criées (3), etc. Je ne parle pas de ce qui lui revient comme membre du clergé, des dîmes et

---

(1) L'évêque est tenu de prêter serment d'hommage et de fidélité *homagium et fidelitatem* au comte d'après la transaction de 1257, mais cette sentence arbitrale lui reconnaît aussi le droit de recevoir l'hommage des habitants nobles ou non nobles pour leurs possessions et leurs personnes. — Guichard, *Preuves*, 18, pp. 36, 37.

(2) Depuis l'enquête de 1246 (Guichard, *Preuves*, 11, p. 31), le comte a la souveraineté, le *majus dominium,* mais le droit de basse justice se partage entre le comte et l'évêque ; les plaignants peuvent s'adresser à la curie du comte ou à celle de l'évêque.

(3) Voir sur les criées, Guichard, I, 20, *Preuves*, 18, p. 37.

2

accessoires. Ces droits, il entend, quand il est doué d'un caractère altier, d'une humeur batailleuse, les faire valoir strictement, sans égard pour la misère des Dignois. Avec le comte naturellement il transigera. C'est ce qui se passa en 1257. L'évêque Boniface dut alors signer un compromis, établissant nettement les droits de chacun, compromis dont on a volontairement écarté les habitants. Et il faut trois ans de réclamations incessantes, l'intervention du comte, achetée sans doute bien cher, pour obtenir de l'évêque qu'il se dessaisisse de certains droits usurpés : droit de disposer des places et rues de la ville, droit de s'adjuger les graviers des rivières, droit de commisse, etc....

La paix ne régnera d'ailleurs pas longtemps. En 1267, le même évêque Boniface veut soumettre les Dignois à des peines arbitraires qu'il lui plaît d'imaginer. Ces derniers en appellent au comte qui leur donne raison. Furieux, l'évêque recourt, en 1271, à une mesure extrême. Il lance l'excommunication contre tous les habitants. Il est difficile actuellement de se faire une idée du trouble que causait dans une ville une pareille mesure. C'était la mort religieuse, la cessation de toutes les cérémonies de l'Eglise ; plus de baptême, de mariages, d'extrême-onction. Quel désespoir, quelle consternation dans ce milieu si croyant ! Et cependant, malgré les pleurs des femmes, malgré leurs supplications, malgré leurs propres souffrances, malgré l'angoisse qui les étreignait, nos pères tinrent bon. Céder c'était abandonner le résultat de nombreuses années de lutte ! Forts de leur bon droit, ils résistèrent. Ils eurent recours au comte. Il était en Sicile ; des députés s'embarquèrent donc pour Naples. Le roi Charles fut touché, il écrivit au sénéchal pour qu'il engageât l'évêque à ne plus tracasser et molester les habitants. L'évêque resta inflexible. Deux nouvelles lettres du comte ne produisirent pas plus d'effet. Et cependant un silence de mort pesait sur la ville : les portes des églises étaient fermées, les autels étaient dépouillés de tout ornement ; plus de son de cloches, plus de sacrements ; les malheureux mouraient sans recevoir les dernières consolations de la religion. Les dignois devaient-ils céder ? Puisque le pouvoir temporel ne pouvait rien pour eux, ils résolurent de recourir au supérieur de l'évêque, à l'archevêque d'Embrun, Jacques Sérène. Ce fut en vain ; ce dernier, ému par la détresse de nos ancêtres, eut beau engager Boniface à faire quelques concessions pour ramener la paix au milieu de son troupeau. Boniface ne répondit pas. Sommé de comparaître devant l'archevêque, il envoya seulement deux représentants qui ne purent défendre une sentence lancée sans raison suffisante et justifier leur supérieur de la grave accusation d'avoir obéi en cela à des sentiments de colère. Jacques Sérène cassa donc la sentence. Boniface en appela au pape ; mais l'archevêque d'Embrun plaida avec une telle émotion la cause des Dignois devant le saint Père qu'il obtint gain de cause.

Ce n'est pas là le seul exemple de l'intolérance des seigneurs ecclésiastiques du château. En 1373, Bertrand de Seguret était évêque de Digne ; la ville était dans la misère, la peste venait à peine de disparaître, les ponts, les digues étaient emportés ; il fallait trouver des fonds. On résolut de contraindre les clercs à contribuer aux dépenses. Ils résistèrent et l'évêque lança encore l'excommunication contre les habitants. Tout le château fut mis en interdit. Il fallut en passer par le compromis imposé par l'évêque. Il faut bien le dire, on fait, en ce moment, un étrange abus de cette arme terrible de l'excommunication. Prenez le Ve statut de l'Église de Digne du 22 mars 1315 ; sur cinquante-un article, vingt-six sont consacrés à prononcer cette peine extrême contre autant de fautes. On excommunie pêle-mêle les usuriers, les augures, les devins ou faux prophètes, les adultères, les faux témoins, les prêtres qui garderaient chez eux des concubines, les incendiaires, les voleurs de grand chemin et surtout les ennemis de l'Eglise, ceux qui donnent le conseil de ne pas payer les dîmes. Cela se conçoit encore ; mais pourquoi cette peine terrible contre ceux qui mangent gras le lundi et le mardi en carême. Faut-il s'étonner si, en 1326, on est obligé de prendre des mesures contre les excommuniés qui ne font aucune démarche pour se décharger de cette peine, qui poussent même le cynisme jusqu'à parader sur les places publiques et à contrefaire les excommunicateurs ?

L'évêque est entouré de nombreux serviteurs attachés à sa personne, non seulement comme seigneur spirituel, mais encore comme seigneur temporel. Tous doivent se considérer comme bien au-dessus des habitants du château ! Non contents de refuser de contribuer aux charges de la cité, ils se livrent encore, paraît-il, à la fraude ! Mais nos ancêtres, bien que courbés sous le joug, avaient parfois la tête près du bonnet et ne craignaient pas de se faire prompte justice eux-mêmes.

Il était défendu, par exemple, d'introduire du vin étranger dans la ville. Or, quelques prud'hommes (notables) soupçonnant les domestiques, les gens de l'évêque, de faire de la fraude s'étaient, le 22 mai 1347, postés sur le pont des Eaux-Chaudes pour prendre en flagrant délit les fraudeurs. Ils voient venir un des familiers de l'évêque, Jean Alberger, muni d'une grande corbeille. Ils demandent à vérifier le contenu, Alberger refuse ; aussitot, ils se précipitent sur lui, le traînent jusqu'au milieu du pont comme s'ils voulaient le jeter à l'eau et lui enlèvent la corbeille. Elle était pleine d'herbes destinées à l'usage de la maison épiscopale ! Jean Alberger se hâte de courir chez l'official de l'évêque, se plaignant de l'outrage, des blessures reçues et se déclarant déjà à moitié mort, « *et dominus Johanes in lecto jacet infirmus et plus speratur de morte quam de vita* », le pauvre homme ! Heureusement, il y avait eu effusion de sang, l'affaire était de la compétence du bailli. Devant ce magistrat tout fut remis au point : on n'avait pas voulu offenser l'official ; Alberger n'avait reçu que quelques horions et la salade n'était pas perdue ! On transigea ; l'affaire n'eut pas de suite. Mais ce fait a une portée sérieuse. Il est un exemple frappant de l'énergie de nos ancêtres quand il s'agissait de défendre leurs droits.

A Manosque, les habitants se débattaient contre la fiscalité oppressive des Hospitaliers de Saint-Jean de Jérusalem, mais leur opiniâtreté venait à bout de toutes les tentatives de leurs maîtres. Ils devaient réserver au commandeur de l'Hôpital les pieds des porcs qu'ils abattaient dans la ville. Petit à petit, le commandeur en arrivait à exiger la moitié de la bête : les Manosquins crièrent et firent inscrire sur le livre de leurs privilèges que les filets ne devaient pas excéder la valeur de 6 sols. Les Manosquins étaient gourmands ; les jours de fête, leurs femmes leur confectionnaient, parait-il, des pâtés de viande, de poisson, de patisseries au fromage, aux herbes et même aux oignons ! L'Hôpital ne voulut-il pas prélever un droit sur ces panadas ou tortels ! Cette fois-ci, encore, les Manosquins se récrièrent et l'Hôpital dût leur laisser savourer en paix leurs petits pâtés aux oignons (1).

Digne ayant un évêché, possédait un Chapitre. A la tête, siégeait le prévôt, personnage presque aussi puissant que l'évêque, il était seigneur du Bourg et possédait une grasse prébende et de curieux priviléges. Il s'était, par exemple, réservé le droit de prendre toutes les semaines, dans la saison de la maturité, des figues et des raisins, pour sa table, dans le domaine des Plantats ; il avait le quart du jardinage produit dans le quartier des Eaux-

---

(1) Voir là-dessus le livre si curieux des privilèges de Manosque, publié par M. Isnard, archiviste.

Chaudes ; il avait la dîme du vin (environ 400 coupes) ; il percevait à Gaubert, à Courbons, à Marcoux, etc. (1).

Les membres du chapitre, les chanoines, quoique moins bien pourvus, avaient aussi de bonnes prébendes Au-dessous d'eux, des chapelains, vicaires, bénéficiers, participaient aux distributions générales qui se faisaient après les offices, mais c'était là une cause de querelles. La paix ne régnait pas toujours parmi les clercs. Les membres du clergé, à cette époque, avaient perdu la pureté primitive et avaient adopté, quelques fois, des mœurs grossières, des habitudes guerrières qui ne s'accommodaient guère avec leur mission. Le quatrième canon du concile provincial assemblé à Seyne en 1267 (on appelle canons les règles établies par les conciles) fut obligé de revenir sur une défense déjà faite plusieurs fois aux clercs, de porter sur eux des couteaux-poignards. Voilà qui ne dénote pas des habitudes bien pacifiques ! Les chanoines, d'ailleurs, ne paraissent pas avoir mené une vie exemplaire. Les statuts doivent sans cesse leur rappeler leurs devoirs : défense de s'absenter, obligation d'attendre que les bougies soient allumées pour commencer l'office. Il fallait même, paraît-il, avoir un registre pour noter les absents. Les clercs n'observaient pas toujours le silence à l'église. Quelques-uns ne se gênaient pas pour blasphémer, pour jouer aux dés, faire l'usure et même, Dieu me pardonne, entretenir des concubines ! Aussi, les statuts reviennent-ils sans cesse, sur les amendes à infliger aux coupables, qui paraissent, d'ailleurs, avoir été surtout sensibles à ces arguments.

Vous le voyez. C'est tout un monde curieux qui s'agite dans cette étroite petite ville, tout un monde indiscipliné, préoccupé surtout d'intérêts matériels.

Et de quelle importance jouit le clergé du moyen âge.

---

(1) Voir Guichard. *Cominalat*, I, 270. (L'énumération serait trop longue.)

Non seulement il possède d'énormes privilèges, exemptions de tailles, de taxes communales, mais il a encore un droit de contrôle sur la vie de tous les habitants. A cette époque, un testament ne peut être valable, s'il n'est fait en présence d'un prêtre. Les fidèles doivent se confesser au moins une fois l'an, sous peine d'être privés de la sépulture ecclésiastique, à moins que les héritiers ne veuillent composer et payer une amende. Les prêtres sont chargés de noter ceux qui se confessent, ceux qui sont en retard (1). Comment échapper à la main-mise de l'Eglise qui dispose au besoin du bras séculier pour faire exécuter ses sentences ?

Mais ne croyez pas que nos ancêtres aient perdu tout sentiment d'indépendance. Leur vie est dure, il leur faut disputer sans cesse à leurs oppresseurs les maigres profits obtenus par un labeur acharné; leurs revendications échouent bien souvent ; mais ils reviennent toujours à la charge, et leurs efforts sont quelquefois récompensés par le succès.

Avec les seigneurs des châteaux voisins, avec les nobles fixés à Digne, avec les juifs, c'est-à-dire avec tous ceux qui voudraient être des privilégiés, les contestations sont fréquentes, et, quelque mal armés qu'ils soient pour la lutte, bien que des chefs autorisés à les défendre leur fassent défaut, les Dignois souvent tiennent tête victorieusement à leurs adversaires.

Trop resserrés de ce côté-ci de la Bléone et des Eaux-Chaudes, les Dignois débordent, acquièrent des terres à Courbons, aux Sièyes, au Chaffaut, à Gaubert. Or, ces acquisitions sont vues d'un mauvais œil par les seigneurs voisins, jaloux de se voir ainsi frustrés des redevances dues par ces biens quand ils étaient cultivés par leurs

---

(1) Vᵉ statut de l'Eglise de Digne. Voir statuts de l'église cathédrale de Digne, traduits par M. Nicolas Taxil, Prévot, 1682.

vilains. La tentation est trop forte d'imposer les forains qui cultivent les meilleures terres et enlèvent leurs récoltes sans rien en laisser au seigneur. Tous les jours, ce sont des vexations continuelles, des troupeaux qui abîment les vignes, malgré les gardes établis. En 1281, 1282, 1297 les contestations avec les seigneurs de Courbons et des Sièyes deviennent plus graves. Voici maintenant que le seigneur de Gaubert, qui perçoit un droit de péage (passage) sur les marchandises traversant son territoire pour gagner Digne, s'avise de vexer les Dignois. Il veut les empêcher, quand ils reviennent de faire leurs achats en Provence, de passer par le Chaffaut. Le chemin est plus court, plus facile. N'importe ! Il faut qu'ils passent par Gaubert, afin de payer la taxe. A Courbons, les seigneurs ont été déboutés de leurs prétentions. Furieux, ils excitent la population, l'ameutent contre les Dignois. Un jour, les habitants de Courbons, se précipitent en armes sur les gardes des vignes, les mettent en fuite en saisissent un qu'ils incarcèrent après l'avoir dépouillé et lui avoir distribué maints horions (1).

A Digne même, résident quelques seigneurs, noble Rostang, seigneur d'Entrages, les deux frères Malsan, Ferréol de Barles, la famille Aperioculos (2). Tous ces nobles personnages refusent d'acquitter les charges dues par les terres qu'ils ont acquises des roturiers. Il faut pour les y contraindre de longues, longues démarches,

---

(1) Guichard, *op. cit. passim.*

(2) Il y a beaucoup de nobles en Provence. Les bourgeois de certaines villes ont le privilège d'être faits chevaliers. P. Viollet, § 1, p. 447, note 3. Voir Laplane, *Histoire de Sisteron* et Arnaud, *Viguerie de Forcalquier.* Cette existence des seigneurs à Digne nous est attestée par l'enquête de 1240. Nous y voyons que les bans et les leydes leur appartiennent. D'ailleurs, la convention de 1260 stipule que les nobles prendront part à la répartition des charges : *Tres probi homines et unus miles.* — Guichard, *Preuves*, page 44.

des procès interminables, mais là encore la tenacité de nos pères triomphe des obstacles. En 1337, les dernières résistances sont vaincues.

Restent les juifs. Favorisés par Charles II, ils sont assez nombreux à Digne. Ils se livrent au commerce, à l'industrie ; ils refusent de payer les taxes royales et communales, sous prétexte qu'ils ont traité avec le comte, pour le paiement d'une taxe annuelle qui les dispenserait de toute autre contribution. D'un autre côté, les habitants sont furieux contre eux parce qu'ils ont établi dans le marché des tables pour la vente de leurs viandes. Ne se permettent-ils pas aussi de se baigner avec les chrétiens aux Eaux-Chaudes. Quelle étrange prétention ? Ne vous étonnez pas trop de cette indignation, le régime dans lequel vivent les Dignois n'est pas fait pour leur inculquer des idées de large tolérance ! Les deux partis, disons-le à leur louange, se montrèrent fort sages. Ils nommèrent des arbitres et signèrent un compromis. En 1337, les juifs s'engagèrent à payer les impôts du comte, comme les autres habitants, à participer aux taxes établies pour l'entretien des ponts, des voies publiques, des canaux. En revanche, ils gardèrent leurs tables et purent aller se baigner librement. De nouvelles contestations qui s'élevèrent, en 1374 et 1377, se terminèrent par l'injonction du bailli aux juifs d'avoir à contribuer aux taxes de la communauté.

Les Dignois apportaient la même ardeur à défendre les quelques privilèges dont ils jouissaient et qu'ils avaient obtenus à prix d'argent. Celui qui leur tenait le plus à cœur était le privilège du vin. Quand ils avaient cultivé avec un soin scrupuleux leurs vignes et enfermé dans leurs caves le vin dérobé à la cupidité des privilégiés, ils ne pouvaient supporter que des étrangers vinssent leur faire concurrence. Ainsi, ces derniers n'avaient-ils pas le droit d'introduire du vin à Digne ; cette facilité était réservée aux seuls habitants. Naturellement, ce droit leur était contesté par les seigneurs des châteaux voisins ; d'où des luttes, des querelles, dont ils sortaient toujours à leur avantage, pour peu qu'ils eussent pris la précaution de s'assurer la protection du comte ou de ses agents, moyennant finances, bien entendu.

Ils tenaient tellement à leurs privilèges qu'ils voyaient la fraude partout. Un jour, le nommé Paul Boère, ou Boire, un nom prédestiné, avait introduit à Digne neuf coupes de vin, plus 180 litres apportés des Mées, afin de célébrer dignement les noces de sa sœur qu'il avait mariée à un habitant des Mées. Le prétendu avait fourni le vin ; les invités avaient bu à sa santé les 180 litres, ce qui prouve une capacité peu ordinaire ! Que pouvait-on leur reprocher ? Il fallut cependant l'intervention du juge pour calmer les Dignois.

Ce vin auquel ils tenaient tant, leur jouait parfois de vilains tours. Jugez-en plutôt :

Une année, le jour de la fête de saint Jean-Baptiste, quelques jeunes gens s'étaient rendus aux bains, et là, s'étaient livrés à de copieuses libations. L'ivresse est, dit-on, mauvaise conseillère. N'eurent-ils pas la fâcheuse idée d'aller se baigner, après boire ! Quelques femmes occupaient les baignoires ; ils eussent dû ne pas insister et s'éloigner. Cependant, poussés, par je ne sais quelle instigation diabolique (*diabolica instigatione perversi*, dit le texte), ils enfoncèrent les portes et se fussent assez mal conduits, si les cris éperdus des femmes (*clamor immensus*) n'eussent attiré d'honnêtes citoyens qui les mirent dehors. Il leur en coûta une forte amende. C'était justice !

Les Dignois jouissaient encore d'autres privilèges, par exemple, de ne pas contribuer aux tailles levées dans les châteaux voisins où ils avaient des biens. Les gens de Courbons, des Sièyes, naturellement étaient furieux de voir des étrangers, qui possédaient souvent les meilleures terres, refuser de payer leur part des charges incombant à la commune, d'où rixes, attaques. En 1320, un procès avec Courbons dura cinq ans ; il coûta aux Dignois, 2,000 livres. Et encore le procès se termina à l'amiable, grâce à l'intervention charitable de l'évêque Guillaume de Sabran.

Il y avait encore de nombreuses contestations au sujet des péages, des droits à lever sur les communes voisines pour entretenir le pont sur la Bléone, etc., mais je passe.

Vous le voyez, c'est la lutte, la lutte sans trêve, sans relâche.

Pour ne pas être écrasés dans cette bataille pour la vie, à cette période si dure de la féodalité, nos pères devaient essayer de se glisser dans cette hiérarchie féodale, en obtenant le plus de privilèges possible. Ces privilèges, ils les faisaient insérer dans des chartes conservées religieusement. Ils pouvaient ainsi limiter les exigences des seigneurs. Quand ils ont rendu moins lourd le fardeau des redevances féodales, alors seulement, petit à petit, d'une manière inconsciente, ils arrivent à revendiquer d'autres libertés.

Mais leur première préoccupation est d'alléger le faix des impôts.

Ces impôts sont lourds et nombreux (1).

Voici d'abord ce que leur demande le comte : les fouages ou tailles, impôt perçu par feu, dont sont exempts les nobles, les tabellions, avocats, notaires, procureurs, ecclésiastiques (2).

Le cens ou fermage, dû par chaque terre ; les lods, droit de mutation des propriétés (3) ; l'albergue, qui consiste dans l'obligation d'héberger, de loger le souverain et sa

---

(1) Voir Guichard, *Cominalat, Preuves* 16, II, 31.

(2) Arnaud, *Viguerie de Forcalquier*, II, 454.

(3) Arnaud, *Viguerie de Forcalquier*, II, 509. Guichard, *Cominalat*, I, 451.

suite, ses soldats, ses chevaux lorsqu'il passe à Digne (1) ;
la gabelle, droit perçu sur le sel et affermé à des spécula-
teurs, qui en retirent le plus d'argent possible (2) ; les
droits de péage, levés sur les marchandises, pour l'entretien des grands chemins. On les perçoit à Digne par
charges : il y a la grosse charge, celle du cheval; la petite
charge, celle de l'âne; le prix varie suivant la nature de la
marchandise (3). Les prix n'étaient pas très élevés, malheu-
reusement les seigneurs, les clercs, passaient en franchise
et les malheureux payaient. A tous les pas d'ailleurs les
péages se succédaient. C'était un moyen si simple de se
procurer de l'argent !

Il y a encore bien d'autres impôts : redevance sur
la chasse, droit de contalage ; redevance de deux
panaux d'avoine (4) ; leyde, droit sur les marchandises
exposées en vente; cosse, droit de mesurage, sans compter
les cavalcades (service militaire dù pendant quarante
jours par les seigneurs de la communauté) (5). Ce sont là
les impôts ordinaires. Mais que de fois le comte fait appel
à ses devoués sujets pour les imposer extraordinaire-
ment! Veut-il acheter le château de Valernes, vite il
envoie la note à payer, ci : 100 livres pour les Dignois.
A-t-il envie du château de Geniez, nouvel appel à leur
bourse, ci, 100 livres ; l'achat du château de Lambesc, leur
revient encore à 100 livres. J'arrête là cette énumération.
Il ne faut cependant pas oublier les quistes ou quêtes (6)

---

(1) Guichard, *Cominalat*, I. Arnaud, op. cit., II, 463.

(2) Guichard, *Salinum est domini Comitis quod emitur ut melius potest et ven-
ditur. Preuves*, II, 31 et 32.

(3) Voir pour détails, l'enquête de 1246. Guichard, II, 20 et II, 31.

(4) Arnaud, *Viguerie de Forcalquier*, II, 478.

(5) Arnaud, *Viguerie de Forcalquier*, II, 467.

(6) Arnaud, *Viguerie de Forcalquier*, II. — Lavisse et Rambaud, *Histoire
générale*, II. 445.

(le mot a une étrange éloquence !) Le comte veut-il aller voir l'empereur, veut-il armer son fils, marier ses filles, il prie ses sujets de l'aider de leur bourse. Aussi, devaient-ils trembler toutes les fois que croissait la famille de leur gracieux souverain. Et, si les hasards de la guerre faisaient que le comte tombât entre les mains de l'ennemi, les Dignois devaient contribuer à le racheter. C'est ainsi que les Provençaux, pour délivrer Jacques d'Aragon, le mari de leur reine, fournirent la forte somme de 40.000 ducats. Et les dons gracieux ? Les comtes de Provence en abusent réellement. Mais ne faut-il pas payer la conquête des deux Siciles, du Piémont ? Parfois même le sans-gêne est évident. Ce bon roi Robert ne s'est-il pas avisé de faire mettre sur son testament une clause qui obligeait chacune des villes provençales pourvues d'un évêché ou d'un archevêché à faire célébrer tous les jours une messe pour le repos de son âme ! Depuis lors, toutes les années, les Dignois sortirent pour assurer le repos de l'âme du défunt 3 onces d'or de leur poche ! Que de malédictions dut valoir à Robert cette clause ruineuse !

Encore, s'il n'y avait que les impôts du comte! Mais l'évêque est seigneur féodal. Comme tel, il perçoit en commun avec le comte les bans (1) (amendes perçues pour rendre la justice), les leydes, les droits de latte (sur les débiteurs), d'incant (sur les enchères publiques). Il faut payer pour les arcs construits sur les rues, payer pour les bancs devant les maisons, payer pour les marchandises suspendues aux piliers, payer pour les fours, les moulins, les graviers des rivières, pour les ouvertures pratiquées dans les remparts. Ajoutez à ces impôts la dîme due au clergé, les testaments, le casuel, les cor-

---

(1) Voir pour le détail la transaction de 1245, Guichard, *Cominalat, Preuves*, 18, II, 38, 39.

vées (1), et vous verrez que de multiples obligations incombent à ces pauvres gens (2).

Et je ne cite que pour mémoire les frais de procès nécessaires pour se faire rendre justice, les frais de députation auprès du souverain, les menus cadeaux aux personnages qui daignent honorer Digne de leur présence. Aux sénéchaux, aux juges, on offre de l'argent, du vin, des repas, afin d'obtenir leur protection.

Et les épidémies qui désolent le pays, la peste, les inondations, les invasions, les ravages d'Arnaud de Cervoles, des Tard-Venus, des Tuchins, dont il faut acheter le départ à prix d'argent ? Le Pape, pour s'en débarrasser, n'est-il pas obligé de leur allouer une grosse somme et sa bénédiction ?

Pauvre Jacques Bonhomme ! combien était amer le pain que tu mangeais !

Heureusement, l'excès de misère des habitants du château allait avoir pour résultat l'union de tous les membres. Cette union est déjà étroite quand il s'agit de remédier à quelque calamité, par exemple, à un incendie (3). Mais que de démarches, que de permissions pour s'assembler (4). Ils n'ont, en 1245, ni constitution municipale, ni magistrats pour les représenter. Quand il s'agit d'une affaire générale intéressant la commune, il faut la permission du sénéchal pour assembler un parlement public, réunion de tous les chefs de famille, et nommer, sous la

---

(1) Voir là dessus, Arnaud, *Viguerie de Forcalquier*, II, 494, 495, 499, 503, 532, 533, 508, 545, etc.

(2) Ces impôts sont d'autant plus lourds que le comte, l'évêque, n'assuraient pas, comme le fait l'Etat de nos jours, beaucoup de services publics.

(3) Guichard, *op. cit.*, I.

(4) Première autorisation demandée au bailli pour assembler quinze prudhommes (notables) ; deuxième autorisation pour en assembler vingt-cinq ; troisième pour rassembler tous les chefs de famille ; quatrième enfin, pour délibérer au sujet de l'impôt à appliquer au paiement d'une indemnité (1290).

surveillance du bailli et du juge, les syndics chargés de poursuivre une affaire déterminée (1).

Ainsi, dans le compromis de 1257 sont-ils spoliés honteusement par le comte et le seigneur (2). Tout ce qu'ils peuvent faire est d'inscrire en marge leur laconique protestation : *non audita civitate.*

Déconcertés un moment par le sans-gêne avec lequel on sacrifiait leurs droits les plus évidents, les Dignois ne tardèrent pas à s'entendre. La chose leur était rendue facile par l'existence des confréries (3). Ce sont des associations par quartiers, réunissant tous les chefs de famille. Organisées dans un but religieux, pour s'occuper du culte, des cérémonies, des processions (leurs chefs s'appelaient prieurs, abbés), elles n'avaient pas tardé à dévier, à devenir des sociétés de secours mutuels (4) ; elles furent le germe de l'organisation municipale. Là seulement, on pouvait se réunir, s'entendre librement. Les trois confréries dignoises, du Saint-Esprit, de la Traverse et de Soleilhe-Bœuf, poussées par quelques généreux et énergi-

---

(1) Guichard, *Cominalat*, I, 27, 28, 29.

Voir aussi à ce sujet Arnaud, *Histoire de la Viguerie de Forcalquier*, I, 135. et suivantes. Parfois, le bailli détermine très exactement le nombre d'habitants qui doivent se réunir. Exemple : Guichard, II, 75, 76, 77. Les syndics sont nommés pour une affaire spéciale. Exemple : transaction de 1260 Guichard, *Cominalat, Preuves*, II, 42, « *et Petrus Mercaderius sindicus universitatis castri seu civitatis Digne nomine et vice hominum dicte universitatis habens etiam ad hoc speciale mandatum.* »

(2) Le comte et l'évêque se sont tout attribué : police des foires et marchés. donation des tutelles et curatelles, perception des bans, droit de pacage, propriété des iscles et graviers, etc. Guichard, I, 22.

(3) Guichard, *Cominalat, Preuve*, 33, II, 77. Le syndic et les communaux consultent les confréries pour savoir si les habitants préfèrent la taille payable en un seul terme, *grossa talha*, à la taille payable en plusieurs termes *talha minuta.*

(4) Guichard, *Cominalat*, I, appendice 9.

ques citoyens donnèrent l'impulsion, et, en août 1260, le comte et l'évêque consentirent à une transaction avec les habitants de Digne.

Parmi les clauses diverses restreignant l'autorité du seigneur, nous trouvons ces quelques mots (1) : « Item que trois des habitants et un gentilhomme soient élus et choisis toutes les années pour cominaux, qui ayent le pouvoir de diviser et parquer les tailles, icelles exiger, limiter les terres, décider les procès et difficultés des murailles, rues, endrones et chemins publics, canaux des eaux et arrosages (2). » C'est tout ! C'est peu et c'est beaucoup ! Les représentants de la communauté, à l'origine simples répartiteurs et exacteurs de l'impôt pourvus d'une juridiction limitée aux voies publiques, aux canaux, sont les ancêtres de nos maires et de nos officiers municipaux. D'abord ils interviennent rarement et timidement au nom des habitants ; puis ils sont assistés de conseillers, leur assurance croît et ils commencent à se conduire comme les représentants de la cité (3). Mais dans les circonstances importantes, il faut toujours, ne l'oublions pas, réunir tous les habitants et nommer des syndics, députés élus pour l'affaire seulement.

---

(1) D'après une traduction du XVIIe siècle conservée aux archives.

(2) Guichard, *Cominalat*, *Preuves* 19, II, 44. « *Item quod tres probi homines et unus miles quolibet anno ponantur et poni debeant Comunes seu Comunales qui habeant potestatem dividendi quistas et talhas et eas extrahendi seu exigendi et terras limitandi et questiones parietum et andronarum et viarum publicarum et ductus aque dirimendi, qui tres probi homines et unus miles eligantur et ponantur ad predicta omnia et singula facienda ad requisitionem et voluntatem proborum hominum castri seu civitatis Digne et de mandato Bajuli.* »

(3) Voir pour le mode d'élection, l'élection du 20 mars 1344. Guichard, *Cominalat*, II, 299. Les habitants sont convoqués par le juge de la curie et le sous-viguier remplaçant le bailli, tous ne sont pas présents ; on aljoint aux quatre cominaux, douze conseillers des comptes, le 27 mars 1344 pp. 301, 302) et trois auditeurs (*Preuves*, pp. 288 et II pp. 354, 361).

A partir de 1344, peu à peu, les cominaux, nommés par toute la communauté, le dimanche de la Passion qui précède le dimanche des Rameaux, interviennent dans tous les procès à la place des syndics (1).

Leur intervention n'est pas toujours légale. Qu'importe !. Nos concitoyens se forment ainsi à la vie politique et, en 1385, comme récompense de leur constante fidélité à Marie de Blois, ils obtiennent des syndics, magistrats annuels, représentant d'une manière constante et dans toutes les affaires, l'ensemble de leurs concitoyens (2).

De 1245 à 1385, les progrès ont été sensibles, l'union a été féconde. Les habitants du château, d'abord simples colons établis sur les terres de leur seigneur, l'évêque, soumis à toutes ses exigences, liés par cette terre qu'ils s'étaient engagés à cultiver, avaient dû longtemps baisser la tête. Privés de chefs, n'ayant ni assemblées régulières, ni magistrats, ils virent peu à peu disparaître les privilèges du château de Digne. Tandis que beaucoup de cités voisines, comme Sisteron, Moustiers, jouissant déjà des privilèges du Consulat, étaient affranchies de nombreux droits, les habitants du château étaient livrés à l'arbitraire du comte et de l'évêque.

L'excès même de leur misère amena une réaction. La lutte s'engagea; dès 1260, les premières libertés étaient conquises ; à la fin du XIVe siècle, nos ancêtres

---

(1) Avant cette date, leur rôle est bien effacé. Ils apparaissent rarement dans les actes avant 1309 et leur apathie est si grande, leur insouciance est si forte qu'ils ne se donnent même pas la peine de rendre compte de leur gestion ; des notables plus zélés firent alors décider que les cominaux seraient assistés de conseillers. Plus tard, on leur adjoignit des auditeurs des comptes, chargés de vérifier les recettes et les dépenses des cominaux.

(2) En somme, le château n'a pas été une véritable commune ; il est ce qu'on peut appeler une ville de bourgeoisie ; elle n'est pas une personnalité féodale mais elle jouit seulement de certaines franchises.

étaient arrivés à endiguer, pour ainsi dire, le flot toujours croissant des exigences féodales. Ils avaient mis à leur tête des protecteurs naturels pris dans leur sein, destinés à les guider dans cette conquête pénible des parcelles lentement acquises de cette liberté mille fois plus précieuse que l'or, comme le dit un des vieux registres des délibérations de la municipalité de Sisteron : « *Libertas sit auro incomparabilis.* »

Ces résultats, ils les avaient obtenus malgré leur faiblesse, malgré plusieurs siècles d'oppression, au prix d'efforts persévérants. Dans cette marche en avant vers le progrès, vers la liberté, rien ne les avait rebutés. Ils avaient généreusement, sans compter, sacrifié à la poursuite de ce noble but leur argent et leur sang.

Ces efforts, j'ai tenu à vous les faire connaître, trop longuement peut-être. Pardonnez-moi d'avoir abusé de votre patience. En parcourant, à votre intention, ces pages, témoins laconiques mais éloquents de leurs angoisses, il me semblait vivre de la vie de ces héroïques travailleurs. Je les voyais, de l'aube au crépuscule, peiner sur le sillon lentement tracé ; je les voyais, le soir, gravissant, le dos courbé, les étroits sentiers menant au château ; je les suivais, dans les rues encaissées, malsaines, où, au son de la cloche seigneuriale, ils devaient s'enfermer, se parquer, pour dormir d'un lourd sommeil de bête de somme. Je me les représentais, dans les confréries, serrés dans une salle obscure, enfumée, parlant à voix basse de leur oppression, de leur misère, de leurs projets. Je me les représentais aussi dans les parlements publics, où malgré la présence des agents du comte, du seigneur, redressés enfin, redevenus des hommes, se serrant les coudes, ils réclamaient à grands cris un lambeau de ces libertés à peine entrevues. Et j'admirais leur énergie, leur opiniâtreté et j'oubliais qu'une étroite limite m'était imposée pour vous parler d'eux !

C'est à ces aïeux, c'est à cette foule trop souvent

anonyme que je tenais à envoyer le salut respectueux, filial, attendri d'un de leurs descendants qui a pendant quelques jours souffert de leur peines, tressailli de leurs joies. Obscurs ouvriers de la première heure, vous avez depuis longtemps disparu sans avoir pu jouir du résultat de vos travaux ; vos os tapissent maintenant cette terre que vous avez baignée de vos sueurs ; mais vos efforts ne sont pas perdus. Vos fils ont marché sur vos traces. Ces libertés que vous aviez si péniblement arrachées au despotisme féodal, ils, n'ont cessé de les accroître lentement mais sûrement.

Il nous appartient maintenant de tirer une leçon de ces exemples. Cet héritage, nous ne pouvons le transmettre amoindri à nos descendants ; ces efforts, il nous appartient de les continuer, il nous faut aussi semer pour les générations futures ! Il nous faut travailler, nous instruire, faire triompher la pensée de la force brutale, il nous faut marcher sans trêve, sans interruption, sans lassitude vers cet idéal où tendent tous les peuples : toujours plus de justice, de liberté, de fraternité.

(Conférence faite à Digne. Mars 1902).

DEUXIÈME PARTIE

Dès le XIIIe siècle, notre pays a vu naître une foule de petites communautés, ruches laborieuses, où l'activité est prodigieuse, mais bien souvent ignorée. Au prix d'efforts incessants, les habitants ont pu arracher à l'avidité des seigneurs une foule de concessions qui mettent fin à l'arbitraire. Ces concessions sont inscrites dans des chartes pieusement conservées aux archives de la communauté. Elles nous donnent une idée assez nette de la vie politique dans nos Alpes au moyen âge. Je vous l'ai montré dans une précédente conférence ; je voudrais aujourd'hui compléter le tableau de la vie au moyen âge dans une petite ville bas-alpine, en y joignant un aperçu de la vie privée à cette époque.

Elle se présente sous un aspect bien sombre cette petite cité dignoise, groupée sur les pentes du plateau Saint-Charles, resserrée entre ces trois rivières, qui vaguent librement dans leurs étroites vallées. Pas de digues ; à peine quelques barrières en bois renforcées de cailloux. Derrière ces faibles remparts, les riverains s'efforcent de mettre en culture les parties que le flot délaisse, mais doivent lutter contre la rapacité de leur seigneur qui voudrait se les approprier. En guise de ponts, de simples planches jetées d'une rive à l'autre et sans cesse emportées par les crues. Il faudrait aux habitants du

château une communication assurée avec la plaine des
Sièyes et le territoire de Courbons, où se trouvent leurs
meilleures terres. Aussi, dès que la population augmente,
les travaux du pont commencent, interrompus bien
souvent par le manque d'argent, les tracasseries des
châteaux et des seigneurs voisins. Et, quand les Dignois,
en consacrant à cette œuvre toutes leurs ressources, sont
parvenus à la mener à bonne fin, il faut tout recommencer.
Dès 1356, le pont menace ruine : bêtes et gens courent le
risque de périr en le traversant. Enfin, en 1413, les deux
rives sont reliées par une étroite voie, munie de refuges
placés au-dessus des piles. Là se blotissaient les piétons
pour laisser passer les lourds chariots de l'époque. Mais
pendant longtemps la communauté devra affecter au
paiement des travaux tout l'argent disponible (1).

Combien ont été mieux avisés leurs voisins de Castellane ; leur pont est construit depuis 1300. Mais en 1390,
Raymond de Turenne, furieux de ne pouvoir prendre la
ville pour la piller, a détruit complètement le pont.
Impossible de le reconstruire ; la peste, les inondations,
les ravages des routiers ont ruiné les habitants. Dans
quel cerveau germa l'idée de s'adresser au pape ? Je
l'ignore. Toujours est-il que nos malins castellanais
obtinrent de Pierre de Lune (Benoît XIII) une bulle publiée
dans toute la Provence, accordant d'amples indulgences à
tous ceux qui contribueraient de leurs aumônes à la
reconstruction du fameux pont. L'argent afflua, et cinq ans
après Castellane avait son pont (2).

La Bléone franchie, une étroite route, non empierrée,
aux larges et profondes ornières, serpente entre les nombreux jardins clos de murs en pierres sèches, qui s'étagent
depuis le bord des rivières jusqu'aux fossés formant la

---

(1) Guichard : *Cominalat*, passim.
(2) Abbé Feraud : *Géographie des Basses-Alpes*.

première défense de la ville. Bien que la population soit déjà considérable, elle tient tout entière sur la motte qui prolonge la montagne.

Les remparts, les barri, qui ont remplacé les anciennes palissades, partant du pied de la montagne près de l'évêché actuel, laissent de côté tous les quartiers qui s'étendent au-delà de la rue de la Préfecture, du boulevard des Lices, de la rue de l'Hubac; ils longent la rue de la Glacière, pour se terminer vers la rue de l'Oratoire, enfermant dans cette étroite ellipse les trois quartiers de la ville : *la Testo, lou Mitan, lou Pè*.

Haut de 12 mètres, épais de 1ᵐ,50 à 2 mètres, les barri sont surmontés de nombreux créneaux, les merlettes, et longés par un chemin de ronde intérieur donnant sur ces créneaux. De distance en distance, s'élèvent de lourdes constructions carrées, des tours, percées d'étroites ouvertures évasées. Elles sont couvertes de larges dalles. Des galeries de pierre, les machicoulis (1), ouvertes par le bas, facilitent la défense; par là tomberont sur les assaillants les traits, l'huile bouillante, la poix enflammée. C'est de ces tours qu'au moment du péril, balistes et trabucs, machines formées d'une poutre terminée par une poche en peau et munies d'un ressort, enverront d'énormes pierres sur les ennemis; les premiers canons ou bombardes ne feront leur apparition dans notre pays que vers 1375 (2).

Mais on étouffe tellement dans cette enceinte, que les habitants en usent familièrement dans les moments de calme avec leurs murailles. Une infinité de lucarnes ou posterles donnent du jour aux maisons adossées aux remparts ; des balcons de bois surplombent le fossé, des maisons s'étagent sur les barri, se blottissent à leurs pieds ; de

---

(1) Les machicoulis ont remplacé les hourds en charpente. (Carró, *le Moyen Age.*)

(2) Laplane : *Histoire de Sisteron.*

petites portes percent la muraille et aboutissent à des voies de communication intérieures (1). Et partout, du linge étendu, des fleurs, des oiseaux qui chantent atténuent la sévérité de la muraille nue. L'aspect est peu guerrier, mais le seigneur et le comte de Provence tolèrent ces infractions aux règlements, moyennant finances. En cas d'alarme, toutes les ouvertures sont rapidement bouchées et la ville reprend son aspect sévère de combat. Trois grandes portes s'ouvrent dans les remparts. Elles sont précédées d'un pont-levis qui enjambe le fossé, protégées par des herses en fer relevées en temps ordinaire, mais qui glissent rapidement dans leurs rainures au moment du danger et viennent fermer toute issue. Des guérites couronnent les portes et leur donnent un air imposant. Au levant, est la porte de Soleille-Bœuf, ainsi appelée à cause des peaux que font sécher les nombreux tanneurs du quartier; au midi, à l'issue de la rue des Chapeliers, la porte de Gaubert, plus tard porte de Provence; au nord, près de l'hôpital, la porte des Durands. Je néglige les petites issues, ou portalets, assez nombreuses et vite murées à l'approche de l'ennemi.

Dominant de très haut les portes, les créneaux, les tours et l'amoncellement des toitures aiguës qui se pressent autour de lui, se dresse, sur le plateau Saint-Charles, le donjon du seigneur, de l'évêque.

Tout à côté, à la place du clocher actuel, s'élève une grande tour carrée, bâtie en 1412. Cette tour c'est l'âme de la collectivité, c'est le signe de ralliement des habitants. Elle est dominée par une charpente de bois recouverte de dalles. Là est la cloche; dans la galerie de bois, qui fait le tour de l'édifice, se tiennent les guetteurs qui inspectent la campagne; ils sonnent pour annoncer l'ennemi, l'incendie, pour appeler les bourgeois aux assemblées, pour indiquer

---

(1) Guichard : *Cominalat*, tome I.

aux ouvriers les heures de travail et de repos. La tour ne tarde pas à être munie d'une horloge. La première horloge, à Paris, date de 1370. Les Sisteronnais en ont une dès 1402 ; une horloge entière, s'il vous plait, dont le cadran marque les vingt-quatre heures ; elle n'en marche pas mieux, d'ailleurs, et ils sont obligés de la remplacer par une demi-horloge (1).

Sur les pentes raides du coteau, se pressent les rues irrégulières qui semblent monter à l'assaut du donjon. Partout d'étroits boyaux, des culs-de-sac, androns, de petits ponts qui relient les maisons par dessus la chaus-sée ; partout des bancs, des escaliers de bois qui permettent de gagner les tourelles saillantes placées en encorbellement aux angles des maisons. Ces maisons n'ont généralement que le rez-de-chaussée en pierre ; le premier, le second sont en bois, les étages avancent l'un au-dessus de l'autre, semblent vouloir rejoindre les étages d'en face. Des poutrelles munies de poulies, de petits balcons de bois, des auvents, des corniches rétrécissent encore la rue. Sur le tout, s'élève le toit aigu, formé de planches épaisses, *les eyssendoli.*

Au-dessus des boutiques, d'énormes enseignes parlantes, nécessaires à une époque où abondent les clients illettrés : bottes, chapeaux, clefs, plats à barbe grincent au moindre vent. Dès qu'il pleut les gargouilles lancent à jet continu au milieu de la rue l'eau qui s'écoule des toits. Partout des cloaques, des immondices, des détritus de viande, des ordures ménagères, malgré les amendes distribuées avec largesse par la curie (2). Là, s'ébattent, sans crainte d'être

---

(1) Laplane : *Histoire de Sisteron.*

(2) Voir Garnier et Amman : *l'Habitation humaine.*

Franklin : *la Vie privée d'autrefois, l'Hygiène à Paris.*

Les rues de Paris n'ont commencé à être pavées que sous Ph.-Auguste. (Chroniques de Rigord.) En 1131, le fils aîné de Louis le Gros, Philippe, est renversé par un des pourceaux qui vaguent dans les rues et meurt des suites de sa chute.

dérangés par les charrettes, de nombreux galopins dignois. Là, grouillent une foule d'animaux domestiques : chiens, poules, pigeons. Les pourceaux vaguent à leur aise, sans souci des règlements bien sévères pour ces pauvres bêtes : tous ceux qu'ils gênent ont le droit de les tuer, à condition de déposer une pièce de monnaie dans l'oreille de la victime.

L'air et le soleil pénètrent avec peine dans ces ruelles encombrées. Faut-il s'étonner que, dans de pareilles conditions, les épidémies soient si fréquentes et enlèvent tant de gens ! Bien souvent les populations n'ont d'autre ressource que d'abandonner leur ville, comme le firent les habitants de Puimoisson en 1503 et d'aller, avant l'apparition de la peste, camper à quelques kilomètres de là. Il leur fallut vivre six mois, logés dans des cabanes entourées d'une haute palissade, gardées par des sentinelles et repousser impitoyablement parents et amis soupçonnés d'être contaminés. A ce prix seulement, le prévôt Gaspard Bouche préserva ses concitoyens de la contagion (1). En 1629, les dignois qui n'avaient pas voulu abandonner leurs foyers furent réduits de 11,000 à 3,000 âmes.

Vous vous imaginez aisément quels ravages doivent causer les incendies si fréquents alors dans une pareille agglomération. Pour les éviter, le soir, dès que la cloche a sonné le couvre-feu, toutes les lumières doivent s'éteindre et le silence doit régner dans cette ruche si bourdonnante dans la journée la circulation est interdite. Malheur à celui qui croit pouvoir, à la faveur de l'obscurité, se glisser dans quelque coin discret et s'y recueillir en une méditation solitaire. Il est vite appréhendé, condamné à une amende, légère s'il jouit d'une réputation sans tâche, très forte si ses mœurs sont

---

(1) Voir Maurel : *Histoire de Puimoisson.*

douteuses. Je dois ajouter, à l'honneur des Dignois, que leurs archives sont muettes à ce sujet. Mais que les Manosquins, leurs voisins, ont donc des habitudes déplorables ! (1)

Quant à nos concitoyens, peut-on leur faire un crime, d'aimer parfois trop le bruit, en vrais enfants du midi, surtout lorsqu'il s'agit de fêter de nouveaux mariés. Quand ils se sont attardés autour des tables chargées de victuailles et qu'ils ont versé de nombreuses rasades de ce vin clairet produit par leurs vignes de Courbons, objet de leurs soins constants, n'est-il pas naturel qu'ils éprouvent le besoin de se dégourdir les jambes et d'oublier en quelques ébats folâtres les soucis de la veille et ceux du lendemain ? Aussi, souvent, munis de flambeaux, précédés de fifres et de tambourins, mariés en tête, tous les convives déroulent dans les rues tortueuses les anneaux d'une farandole endiablée, emplissant de bruit et de clarté la cité endormie. Mais le guet veille pour éviter ce que les règlements appellent des scènes scandaleuses, des querelles, des rixes. La curie veut que le silence soit absolu et que le troupeau repose en paix (2). Défense aux ouvriers étrangers qui ont travaillé aux vignes de regagner la nuit le domicile de leurs patrons, pour y souper et se coucher. Qu'ils aillent dormir ailleurs ! Tout au plus, par galanterie, permet-on aux nouvelles mariées étrangères à la localité de pénétrer la nuit dans la ville, précédées d'un flambeau. Bientôt tous les bruits s'apaisent, on n'entend plus que le pas lourd des gardiens de nuit, le cri monotone des veilleurs, le souffle haletant des chiens sous les portes, ou la plainte aiguë de quelque marmot.

Mais, dès que l'aube parait, quel mouvement, quelle activité ! Toutes les maisons déversent dans les rues, les

---

(1) Voir : *Livre des Privilèges de Manosque*, édité par M. Isnard, archiviste.

(2) Guichard : *le Cominalat*, I.

habitants parqués pour quelques heures dans leurs étroites demeures. La rue est à eux. C'est là qu'ils vivent, qu'ils travaillent, qu'ils se récréent, là qu'ils se concertent pour les revendications futures. Rien de plus naturel ; à l'exception de quelques demeures de riches bourgeois, l'intérieur des maisons est très sombre, malgré les larges fenêtres, encadrées de boiseries, munies de toiles huilées ou de parchemin qui remplacent le verre trop cher (1).

Voici que s'ouvrent les boutiques enfoncées dans les arcades, soutenues par de larges piliers, où sont suspendues les marchandises (2). Le vantail supérieur se relève comme une fenêtre à tabatière, le vantail inférieur s'abaisse et sert d'étal et de comptoir. Sur un banc, à côté de la boutique, protégé par l'étage supérieur qui s'avance, l'ouvrier se met à la besogne. Il ne choisit pas seulement cette place pour avoir plus de jour et de distractions, mais aussi par nécessité. Les règlements sont formels, « il convient que l'ouvrier œuvre sur la rue ». Pas d'atelier intérieur, pas de travail à la lampe. Tout est prévu, tout est réglé pour éviter la fraude : « Amende si le cordonnier fait sécher les souliers » au feu, s'il mouille les cuirs, s'il travaille à la chan- » delle après l'heure du couvre-feu, s'il raccommode la » chaussure de sorte qu'elle devienne neuve de plus d'un » tiers » (3). Avec le travail en plein air, la surveillance est plus facile ; les jurés passent, s'assurent que les

---

(1) Les demeures sont très obscures, les vitraux même à fonds de bouteille sont trop chers ; on s'éclaire avec des éclats de bois, de la graisse ; les plus riches ont la chandelle de suif, mais quelle lumière ! Quelle odeur ! — Erasme, *De la civilité puérile*, donne de curieux conseils pour moucher la chandelle.

(2) Dans les textes de l'époque, les boutiques reçoivent souvent le nom de fenêtres. — Voir G. Fagniez : *Etudes sur l'industrie et la classe industrielle à Paris* ; — Levasseur : *Histoire des classes ouvrières en France*.

(3) Voir Monteil : *Histoire des Français des divers Etats*, II.

réglements sont observés. Le meuble n'a-t-il pas les dimensions voulues, est-il fait de bois non spécifié, vite il est dépecé séance tenante et brûlé devant la boutique à la grande joie des gamins qui s'amassent. Aussi, quel spectacle curieux ! Serruriers, menuisiers, cordonniers, barbiers, bouchers et autres se livrent, en pleine rue, à la besogne journalière. Ce sont des appels, des cris, des rires, des discussions. La rue y gagne en animation mais que de déchets, de détritus s'accumulent, empestent l'air. Voici le crieur de vin qui !passe, enseigne vivante : A tant de sols le vin ! Voilà les alertes revendeuses de pain, les manganelles avec leurs tortels, les tortillons de l'époque, qui embaument. Plus loin, c'est le clocheteur des trépassés, revêtu d'une longue robe blanche semée de larmes noires, agitant sa sonnette et psalmodiant d'un ton lugubre : « Priez pour l'âme de maître ou de messire un tel, qui vient de trépasser (1).

Mais c'est surtout au marché que l'encombrement est grand. Digne en possède deux, dont un couvert, créé en 1385 avec l'autorisation de Marie de Blois (2). Là, tous les

---

(1) Parfois apparait en majestueux appareil le héraut qui fait les criées au nom du comte de Provence ou de l'évèque. Il s'avance précédé d'un homme d'armes qui porte la bannière où sont peintes les armoiries des deux autorités dignoises ; celles du comte étant placées au-dessus de celles de l'évêque pour affirmer sa prééminence. Le son de la trompette se fait entendre, puis, d'une voix haute, le crieur annonce que l'évêque défend aux habitants d'exposer le dimanche leurs marchandises pour les vendre. Le silence est général, fait de stupeur et de colère concentrée; mais, écoutez bientôt cette sourde rumeur qui se répand partout : voyez ces groupes qui se forment; le front de ces artisans se relève, ils se regardent, ils sentent qu'ils sont le nombre, qu'ils sont une force avec laquelle il faudra compter. Que les puissants du jour prennent garde ! Malheur à eux le jour où éclateront les explosions populaires si longtemps comprimées !

(2) Guichard : *Cominalat*, I.

industriels étalent sur des bancs de pierre leurs marchandises. C'est une nécessité pour quelques-uns d'entre eux. Et qu'ils ne se tiennent pas devant leur banc, sinon, gare à l'amende ; ils pourraient bien vouloir tromper les acheteurs ! Tromper les acheteurs, ils ne s'en font cependant pas faute à en juger par les prescriptions minutieuses des statuts ! Nous croyons souvent avoir tout inventé, même l'art de sophistiquer les aliments. C'est une erreur : nos pères, qui ignoraient la chimie, savaient fort bien duper le client. Les bouchers ne se gênaient pas pour vendre de la vache pour du bœuf, pour enfler les bêtes tuées, battre la viande pour la faire paraître plus fraîche. Les marchands de poissons rougissaient, à l'aide de sang de porc, l'ouïe décolorée des gerles ou des bogues qu'ils mettaient en vente, et les laitières baptisaient leur lait sans scrupules. « Voici sept ans, disait un client à un boucher, » dans l'espoir d'obtenir un rabais, que j'achète ma viande » chez vous ! — Sept ans, et vous vivez encore ! » Ce n'est pas là seulement une boutade ; les règlements sont trop nombreux, destinés à prévenir la fraude, pour qu'elle n'ait pas été pratiquée (1).

Notez que la fraude est facilitée par la multiplicité des monnaies, des poids et mesures. Le mauvais exemple, d'ailleurs, vient de haut. En un an, sous Philippe VI de Valois, la livre change quatre-vingts fois de valeur.

Désireuse de mettre fin aux difficultés occasionnées par cette multiplicité, la communauté de Digne, en 1303, recourut aux bons offices du bailli, alors en voyage à Marseille ; elle le pria de lui procurer une livre de bon aloi qui pût servir d'étalon.... La livre en question fut apportée à Digne dans une bourse de cuir blanc parfaitement fermée et scellée du sceau du bailli. En présence de

____

(1) Voir Lavisse et Rambaud : *Histoire générale*, III.
Arnaud : *Viguerie de Forcalquier*, passim.

tous les habitants assemblés par les cominaux, la bourse fut ouverte, la livre examinée ; puis on appela le serrurier le plus habile, Pierre Monnier, qui déclara qu'il fabriquerait sur ce modèle tous les poids qu'on pourrait lui demander, engageant comme garantie de sa bonne foi tous ses biens présents et à venir, après avoir prêté le serment d'usage sur les Evangiles (1).

Quand le marché était trop étroit on le tenait au cimetière ou à l'église. On trouve cela tout naturel au moyen âge. L'église n'est pas seulement consacrée à la prière, on y circule librement, on y devise de ses petites affaires ; on y étale les marchandises, quand il pleut ou quand la place manque ailleurs. « Le chœur est réservé au culte, mais la nef appartient au peuple ». La cloche sonne pour la messe comme pour le marché. On y donne des fêtes qui dégénèrent parfois en véritables mascarades, malgré les efforts des conciles (2). Il faut bien que le peuple s'amuse pour oublier sa misère. Aussi, quelle quantité et quelle variété de fêtes à cette époque. Les moins curieuses ne sont pas les fêtes religieuses.

« Au commencement de janvier, clercs et laïques, frater-
» nellement unis pour la circonstance et déguisés en fem-
» mes, en diables, envahissaient les églises, disaient à
» l'autel un simulacre de messe, parodiaient les prières du
» rituel et chantaient des chansons gaillardes. Ils nom-
» maient un pape des fous qu'ils encensaient avec de la
» fumée de vieux cuirs et autres matières puantes. En
» mémoire de l'âne qui avait accompagné la sainte famille
» en Egypte, on s'emparait d'un baudet, on le vêtait
» d'habits socerdotaux et on lui chantait une hymne gro-
» tesque (3). » Ces coutumes bizarres n'étaient pas usitées

---

(1) Guichard : *le Cominalat.*
(2) Rambaud : *Histoire de la civilisation,* I.
(3) Rambaud : *Histoire de la civilisation,* I.

seulement dans le midi, où, sous l'influence du soleil, on perd facilement le sentiment de la mesure.

Les gens du nord se livraient aussi à des facéties d'un goût plus ou moins douteux. A Reims, par exemple, les chanoines sortaient un certain jour en procession, chacun laissant traîner sur le sol un hareng attaché par une ficelle, uniquement préoccupé de marcher sur le hareng du chanoine qui précédait et d'empêcher le chanoine qui suivait de marcher sur le sien (1).

Le jour de l'Epiphanie, fête des mages, nos bons aïeux mangeaient déjà le gâteau des rois en famille; ils élisaient un roi, le roi de la fève; l'on criait à tue tête : le roi boit; et l'on vidait à sa santé force coupes de vin. Le soir, des feux étaient allumés dans toutes les rues ; des joueurs d'instruments : fifres, flageolets, cornemuses, parcouraient les rues et l'on dansait tout comme sur le pont d'Avignon.

Les œufs de Pâques sont déjà connus. Le jour de la fête, clercs et écoliers en groupes joyeux allaient de porte en porte quêter des œufs. Et les fêtes se succédaient sans cesse. On chômait religieusement cent jours dans l'année. Le chômage était d'ailleurs forcé ; défense de travailler sous les peines les plus sévères ; défense d'ouvrir les boutiques les dimanches et jours de fête ; défense d'aller aux champs, de rapporter des fruits. Le comte de Provence avait, le 8 février 1294 pris un bel arrêté dans ce sens (2). Il fallait se croiser les bras. Le bon Dieu y gagnait bien quelques prières, mais le diable n'y perdait rien !

Pour occuper les fidèles, le clergé multipliait les processions. C'était tout une affaire ! Les autorités, juges, baillis, syndics, conseillers y assistaient en costume, avaient leur place déterminée et les moindres tentatives pour usurper

---

(1) Rambaud: *Histoire de la civilisation*, I.

2) Arnaud : *Histoire de la viguerie de Forcalquier.*

un honneur qui n'était pas dû donnait lieu à des querelles homériques. A Sisteron, par exemple, les cordonniers avaient le privilège de porter le dais. Les officiers royaux et les syndics voulurent le leur enlever. Il y eut du bruit dans Landerneau! La querelle se termina par une transaction dûment enregistrée. Le dais eut désormais six bâtons au lieu de quatre. Deux furent réservés aux officiers royaux, deux aux syndics et les deux autres aux cordonniers, et tout le monde fut satisfait. A Forcalquier, le capitaine de la ville faisait prendre les armes aux jeunes gens du guet et accompagnait le cortège, précédé de danseurs, de chivaux frus (sortes de mannequins figurant un cheval et montés par un homme) (1).

C'était surtout dans les fêtes populaires que l'imagination de nos pères se donnait libre carrière. Au premier janvier, le peuple vaguait dans les rues, déguisé en bêtes et les mascarades duraient plusieurs mois. L'Eglise avait beau intervenir, défendre de faire le cerf ou le veau, on continuait à faire le veau de plus belle. Les graves romains n'avaient-ils pas les saturnales ? Aussi, barbouillés de farine et vêtus d'oripeaux, les jeunes gens se répandaient dans les rues, accompagnés de fifres et de tambourins, pénétraient dans les maisons et avaient le droit de faire danser dames et demoiselles, et ce, une heure durant ; passé ce délai, ils devaient s'éclipser ou se démasquer. Et la Saint-Jean, avec quel entrain cette fête païenne était-elle célébrée ! Partout s'élevaient des buchers gigantesques que les autorités venaient pompeusement allumer (encore un prétexte à querelles de préséances !) ; puis, on jetait dans le feu lapins et chats enfermés dans des sacs, pour jouir des contorsions des pauvres bêtes, et la fête se terminait par des danses effrénées. Les écoliers fêtaient sainte Catherine et saint Nicolas aux frais des munici-

______

(1) Arnaud, op. cit.

palités. A la Saint-Jean-Baptiste, tout Dignois, qui se respectait, allait aux bains thermaux et se livrait à de copieuses libations. Que ceux de leurs descendants qui n'ont jamais péché leur jettent la première pierre !

Et les fêtes des confréries ! Chaque corporation a un saint comme patron et le fête scrupuleusement. Et sans cesse, dans les rues, se déroulent cortèges et processions pour la plus grande joie des badauds.

Croyez-vous que nos pères ne connaissaient pas la course des ânes et la course dans le sac ? Ne retrouverez-vous pas vos jeux populaires du 14 juillet dans les distractions suivantes. Dans le jeu de la quintaine un mannequin habillé en turc était placé sur un pivôt ; il fallait, en passant au-dessous, sur un charriot, enfoncer l'extrémité d'un bâton dans un trou pratiqué au centre du mannequin, sinon la machine tournait et cinglait le maladroit.

Les Anglais avaient introduit la mode d'un jeu plus barbare : celui du pourcel. Des hommes, les yeux bandés, poursuivaient un porc qu'ils essayaient de tuer à coups de bâton, non sans recevoir maints horions. J'en saute pour ne pas vous fatiguer, mais sachez que le mât de cocagne était connu de nos ancêtres et qu'ils passaient de bons moments à suivre les efforts impuissants de ceux qui essayaient d'attraper l'oie placée au haut de la perche. Je laisse aussi de côté les représentations de mystères, qui occupaient plusieurs jours de suite toute la ville. Les archives de Sisteron gardent encore le souvenir d'une fameuse représentation, celle des 10,000 martyrs, où la moitié de la ville jouait tandis que l'autre regardait (1).

Ne croyez pas qu'en temps ordinaire les rues de nos petites cités ne fussent pleines de distractions variées. Tout se passe dans la rue en ce temps là, et les scènes

---

(1) Laplane : *Histoire de Sisteron.*

sont parfois fort curieuses. Sans parler des jongleurs et ménestrels, montreurs d'ours savants et de petits cochons dressés à danser tout costumés (nous n'avons pas inventé cette distraction éminemment intelligente), il y a encore des spectacles auxquels nos rues ne sont plus habituées. Les habitants en faisaient les frais; ils n'en étaient pas moins récréatifs et instructifs, par exemple : femmes de mœurs légères menées au pilori, le front ceint d'une couronne de paille et juchées à rebours sur un âne, recevant, c'était permis, les injures et les pommes cuites des curieux. Combien les Manosquins devaient s'égayer doucement en voyant promener dans la ville « de l'un portal à l'autre », dans le costume d'Adam et d'Eve avant le péché « *nudus vel nuda* », les malheureux Manosquins ou Manosquines qui étaient allés chercher dans les ménages voisins des distractions coupables. Le remède paraissait radical, il ne produisait cependant pas tout l'effet désirable ; d'ailleurs, les gens riches se hâtaient] de se soustraire à cette exhibition, au moins antihygiénique, en payant une forte amende (1) ».

Quand toutes ces distractions manquaient, le conseil de la ville s'ingéniait pour amuser les habitants.

Sisteron, c'était une ville de progrès, entretenait des musiciens à ses frais, les faisait élever, les exemptait de l'impôt, leur achetait des instruments et donnait des charivaris, nous dirions des concerts aujourd'hui, aux administrés. La ville de Forcalquier offrit un jour aux habitants, moyennant quarante sous, le spectacle d'un danseur de corde qui traversa toute la place de la Fontaine pour la plus grande joie de la population. Les grands personnages eux-mêmes contribuent de leur personne à l'amusement des bourgeois et vilains. C'est tantôt l'entrée d'un comte, d'un juge, d'un bailli, tantôt le

---

(2) Isnard : *Livre des Privilèges de Manosque.*

renouvellement du conseil municipal. En 1302, toute la ville de Digne était en liesse ; le roi Robert daignait honorer de sa présence ses féaux sujets. Les autorités attendaient devant les portes ; les rues, on les avait balayées pour la ciconstance, étaient jonchées de fleurs, tendues d'étoffes riches ; sur les remparts, sur les toits, Dignois et Dignoises criaient à tue tête : Noël ! Noël ! Enfin, le cortège apparaît. En tête, clairons, hautbois, cornemuses. Derrière les premiers seigneurs de l'avant-garde, vient le prince campé sur son destrier revêtu de housses magnifiques. Le clergé, les confréries, les corps de métier encadrent les magistrats municipaux qui, sur un plat d'argent, lui offrent les clefs de la ville... Le soir, devant toutes les maisons, s'alignent des tables, où, joyeusement, les Dignois banquettent et boivent à la santé de leur comte, et toute la nuit les farandoles font rage.

Ce sont là fêtes extraordinaires, mais la foire, la fête populaire par excellence, revient régulièrement. Or, on s'y préparait huit jours à l'avance et l'on en parlait encore huit jours après. Il y avait deux foires à Digne : celle de la Saint-Julien et celle de la Toussaint (1). En 1385, fut créée la foire de la Fête-Dieu. Pour permettre aux marchands étrangers de venir rehausser par leur présence ces réunions, nos ancêtres avaient obtenu que les péages levés par les seigneurs de Gaubert et de Mezel cesseraient huit jours avant. A Sisteron, pour encourager les étrangers, le conseil municipal distribuait des présents à ceux qui déballaient les plus beaux articles. En 1392, Gilet Dupont, de Forcalquier, qui s'intitule, s'il vous plait, vice-roi des merciers de Provence, écrit au conseil de Sisteron pour lui proposer de venir, avec sa troupe et de riches marchandises, embellir la foire de Saint-Domnin. Il ne demande, en retour, « que le tribut de félicitations

---

(1 Ces deux foires se tinrent au bourg, jusqu'en 1437.

dû à sa qualité et les présents d'usage ». Il en coûta à la ville 200 francs ; mais elle eût l'honneur de posséder pour guelques jours le vice-roi des merciers de Provence (1).

Dans ces foires, tout est réglé minutieusement ; il faut éviter tout froissement ; chaque spécialité a sa rue, sa place. Ici les marchands de draps, là les apothicaires, plus loin les ciriers, les cordiers. D'un côté sont les pruneaux (les pruneaux de Digne jouissent déjà d'une réputation bien méritée), de l'autre côté les gants (on en fabriquait beaucoup qu'on écoulait surtout en Italie). C'étaient des cris, des discussions et parfois des rixes ; mais la police veillait ; chaque délit était tarifé et l'amende était partagée entre le prince et la ville. Un coup de poing ayant provoqué un épanchement de sang, 15 sols ; si la figure est abimée, « si os romp », 60 sols, une pierre lancée, 5 sols. Les paroles un peu vives, elles-mêmes, sont taxées. Je ne voudrais pas offusquer vos oreilles en vous rapportant les épithètes fort lestes que se permettaient nos aïeux à l'égard des dames. Sachez seulement qu'il en coûtait 10 sous au mal appris, à moins qu'il ne put prouver en justice que l'épithète était justifiée. Oh ! alors, la dame en était pour sa courte honte (2).

Mais quittons ces rues si animées, si curieuses à étudier, et pénétrons, si vous le voulez bien, dans une de ces maisons bourgeoises qui se dressent au centre de la cité. Voici la boutique de noble Gabriel Durand, apothicaire (3). La maison est cossue et l'on comprend que cet honorable commerçant doit être un personnage important. Les apothicaires sont nombreux à cette époque. Sisteron en compte huit au XVe siècle. Je dois ajouter qu'ils ont plusieurs cordes à leur arc. Ils sont en même temps

---

(1) Laplane : *Histoire de Sisteron.*

(2) Voir le *Livre des Privilèges de Manosque.*

(3) Voir, pour toute cette partie, Laplane : *Histoire de Sisteron.*

confiseurs et épiciers. Toutes les bonnes choses que nous trouvons maintenant dans les épiceries étaient alors fort chères ; il fallait être apothicaire pour vendre du sucre. Mais entrons, il nous sera facile de tout examiner ; le pauvre homme vient de trépasser et la justice est en train de dresser l'inventaire de ses biens. Nous pourrons tout à notre aise nous renseigner sur les habitudes des bourgeois de l'époque.

Vraiment la boutique ne paie pas de mine et ne ferait pas honneur à notre boulevard Gassendi ! Mais que de médicaments curieux qui nous donneront quelque idée de la médecine du moyen âge. Je vous fais grâce des onguents, sirops variés et autres remèdes ! On y trouve de tout : cire, miel, résine, papiers, éponges, soie, coton, amandes. Mais voici une drogue qui me paraît devoir être mentionnée, c'est un antidote contre la peste ; il ne renferme que 127 ingrédients divers. Il doit être souverain, si le malade ne meurt pas de la peste, il ne peut que mourir du remède ! Plus loin, je rencontre d'autres ingrédients, tout aussi étranges raclures d'ivoire, cornes de cerf (1), usnée ou mousse poussée sur un crâne humain. Quels remèdes ! Je préférerais certainement le sucre quoiqu'il soit fort cher : 15 francs la livre le sucre de de madère, 30 francs le sucre candi. Aussi, n'a-t-il pas encore paru sur les tables.

Cette médecine du moyen âge est vraiment curieuse et je ne saurais dans cette esquisse de la vie privée passer sous silence les procédés bizares employés pour guérir. C'est d'ailleurs l'époque des maladies étranges, des épidémies terribles qui dépeuplent une contrée pour toujours. C'est le mal des ardents, sorte de scorbut qui fait tomber

---

(1) Voir Gaston de Bejaure : *le Fleuve bleu* (librairie Plon), à Thong-Kin, en Chine, les cornes de cerf entrent encore dans beaucoup de compositions médicinales.

successivement les membres des malades, la teigne, la gale, la lèpre, alors fort répandues. Toutes nos petites petites villes ont des léproseries ou ladreries, placées sous la protection de saint Lazare (le nom est resté à certains quartiers). On y entassait les malheureux contaminés, retranchés définitivement du monde. La petite vérole apparaît en Gaule au VIe siècle. La peste noire, au XIVe siècle, enleva les trois quarts de la population de la France. La ville atteinte par le fléau était murée, cernée par un cordon de troupes et les malheureux se débrouillaient. Quand la contagion avait pris fin faute d'aliments on désinfectait la ville ; mais bien rares étaient les habitants qui avaient pu résister à la maladie et aux maux qu'elle entraînait à sa suite.

La médecine était impuissante, et vous comprendrez facilement pourquoi. On ne connaissait pas encore le corps humain ; défense de disséquer ; c'est faire une œuvre diabolique. Mais on employait de grands mots latins pour amuser le client et cacher l'ignorance. On enseignait que le cerveau croît et décroît selon les phases de la lune, que le poumon sert à éventer le cœur, que le foie est le siège de l'amour et la rate celui du rire (1).

Aussi quelle thérapeutique ! C'est le règne de la purge et de la saignée, des panacées ou remèdes bons pour guérir tous les maux. On emploie des médicaments baroques : urine de chien, foie de crapaud, sang de grenouille, de rat.

Les chirurgiens sont en même temps barbiers. Vous vous demandez quel rapport peut exister entre ces deux professions. Je l'ignore. Toujours est-il que l'examen que passe l'apprenti chirurgien devant de doctes jurés est fort curieux. Dans la rue, les examinateurs ont fait saisir un pauvre diable, riche de barbe et de chevelure, et notre

---

(1) Voir Rambaud : *Histoire de la civilisation.*

chirurgien doit le débarrasser lestement de ce luxe gênant. Vient ensuite la préparation d'onguents pour guérir |les blessures et les brûlures, la fabrication de lancettes pour opérer, et enfin la saignée, la fameuse saignée, aussi copieuse que possible. Je ne vois rien qui montre quelque connaissance du corps humain chez le candidat (1).

Mais, médecins et chirurgiens ne servent qu'aux nobles et aux riches bourgeois. Le peuple a ses remèdes que la Faculté ne connaît pas, tout aussi bizarres et peut-être aussi efficaces. Je vous les livre tels qu'ils sont : le mal aux dents se guérit en touchant la dent cariée avec une dent de mort, la toux en crachant dans la gueule d'une grenouille vivante ; la graisse de pendu est souveraine pour les rhumatismes et fait la fortune des bourreaux.

Et si ces remèdes ne produisent aucun effet, les malheureux ont recours aux sorciers, possesseurs de formules cabalistiques qui leur permettent d'évoquer le démon, de philtres souverains contre tous les maux, même le mal d'amour; car le peuple croit tout ce que racontent à voix basse, le soir à la veillée, les anciens du village, tandis que les assistants anxieux se pressent autour d'eux. Il croit que les sorciers envoûtent les gens, font mourir le bétail, jettent des sorts et se livrent à une cuisine infernale en combinant, dans de savantes proportions, le sang de crapaud, la fiente de chouette et le foie d'enfants morts sans baptême. Il croit qu'à certaines nuits, sorciers et sorcières, chevauchant à travers les airs sur des bâtons

---

(1) Dans nos Alpes, les chirurgiens rasaient encore les pratiques, si j'en juge par les archives de Fontienne. Une délibération du 29 octobre 1743 porte : « Il a été convenu entre les consuls et Mathieu Jaussaud, chirurgien de Forcalquier, que ledit Jaussaud viendra assidûment aux heures convenables, le vendredi de chaque semaine pour raser tous les habitants du dit lieu qui se présenteront à la maison de ville, — gages, 30 livres par an.

enchantés ou des balais magiques, vont adorer le diable en des retraites mystérieuses et se livrer à des sabbats effrénés.

Le clergé lui-même s'occupe de guérir. Il est là pour chasser le diable qui règne en maître au moyen âge et dont on voit la main velue dans toutes les calamités. C'est le diable qui rôde autour des malheureux moines pour les inciter à la tentation ; c'est lui qui s'empare de l'épileptique qui se tord et écume, des névrosés, des monomanes, et le clergé l'expulse au moyen de formules souveraines, en aspergeant le patient d'eau bénite.

Si l'intervention de l'Eglise est impuissante, on s'adresse aux saints. Le ciel est peuplé de saints guérisseurs, dont l'intervention est toute puissante ! Saint Hubert, patron de la chasse et des chiens, guérit la rage, sainte Pétronille, la fièvre, saint Aignan, la teigne, sainte Claire, les maux d'yeux, saint Genou, la goutte, saint René, les maux de reins et, naturellement, saint Crampan, les crampes. A saint Eloi, on abandonne les chevaux, à saint Plouradou, les enfants grognons ; saint Sequayre, plus modeste, fait sécher le linge.

Au-dessous d'eux, les rois, de par leur origine divine, se mêlent aussi de guérir ; le roi de France, les écrouelles, le roi d'Angleterre, l'épilepsie ; chacun a sa spécialité.

Aussi quelle chasse aux reliques pendant tout le moyen âge ! Le nombre de miracles qui leur sont attribués est incalculable. Chaque ville, chaque bourgade, chaque maison a sa relique, talisman souverain. Et l'on voit passer dans les villages, malgré les censures ecclésiastiques, de pieux vagabonds qui déballent, à chaque hameau, leur pacotille bizarre : « un morceau de la voile du bateau de saint Pierre, le béguin d'un des saints innocents ; une plume de l'archange Gabriel (1). Et quelque invraisem-

---

(1) Rambaud et Lavisse : *Histoire générale.*

blable que puisse paraître l'objet ainsi exposé, il trouve toujours acquéreur, et le misérable vilain fouille en son escarcelle pour acheter un peu d'espoir au prix de quelques écus lentement et péniblement amassés.

Pourquoi, d'ailleurs, serait-il incrédule ? Tout le monde ne lui donne-t-il pas l'exemple de la crédulité. Les plus grands personnages, les rois, les nobles, les bourgeois sont-ils plus exigeants ? Cologne conserve avec orgueil les cendres des rois mages ; Saint-Médard, une dent du Christ ; Vendôme, une larme du Christ, et Corbières, qui détient le record, la barbe de Noé... Sisteron, plus modeste, se contente des ossements des 10,000 martyrs.

Faut-il s'étonner ensuite des pratiques étranges qui règnent en agriculture et que les générations se transmettent pieusement. Veut-il avoir une bonne récolte, le vilain doit promener trois fois du pain, de l'avoine et un cierge allumé autour de la charrue. Avant de semer, il fera passer la semence par un crible fait d'une peau de loup et munie de trente trous seulement. La vigne sera plus féconde s'il la taille avec une serpe enduite de graisse d'ours ; le vin ne se gâtera pas, s'il a la précaution de répéter, en le mettant en tonneau : « saint Martin bon vin », et les poules ne s'égareront jamais s'il a le soin de tracer une croix sur la cheminée. Les oiseaux pillards fuiront le champ arrosé avec de l'eau dans laquelle ont trempé des écrevisses. Rien n'est meilleur contre les chenilles que les os d'une tête de jument enterrée dans le jardin.

Ces pratiques vous surprennent, mais l'histoire locale fourmille d'exemples tout aussi bizarres à une époque moins reculée.

En 1511, les habitants de Saint-Michel, près de Forcalquier, intentent très sérieusement devant le tribunal ecclésiastique de Sisteron un procès aux chenilles qui désolent leurs récoltes. En 1620, aux Mées, les vignes étaient infestées par des myriades d'insectes. Le conseil de la ville s'émut et par une délibération du 11 mai, décida

de « mander dans la ville de Riez pour obtenir de
» Mgr l'évêque excommunication contre les chenilles et
» barbarotes qui gâtent entièrement les vignes et les
» arbres. L'excommunication fut sans doute efficace,
» puisque les fermiers des bois voisins se prévalurent de
» cette délibération pour demander la diminution du prix
» de la ferme sous prétexte que les insectes, pour éviter
» l'anathème dont ils avaient été frappés, avaient déserté
» les champs et s'étaient réfugiés dans les bois (1) ».

Plus près de nous, en 1793, la société populaire de
Puimoisson s'adresse de même au clergé de Riez pour un
motif semblable (2).

Mais cette diable de boutique avec ses remèdes bizarres
m'a entraîné un peu loin. Continuons notre tournée et
visitons les chambres. Il y en a quatre toutes pourvues de
cheminées. On voit que ce n'est pas un mince personnage.
Son épouse est la fille de noble Louis Boys, seigneur de
Clamensane, et lui a apporté en dot 500 florins, soit
10,000 francs. C'est une forte somme pour l'époque ; le roi
Charles V a fixé à 60,000 livres la dot des princesses
royales.

Les paysans et beaucoup de bourgeois n'ont qu'une
pièce à feu (focanea) ; la cheminée est d'invention récente
encore, du XIIe siècle. Jusqu'alors, un trou percé dans le
toit au-dessus du foyer laissait échapper la fumée.

Ces quatre pièces renferment chacune un haut lit garni
de paillasses, de matelas, de draps, de couvertures ; l'un
d'eux est même orné de magnifiques courtines ou rideaux
blancs à franges noires. Voici maintenant des coffres en
bois ciselé, munis de serrures ouvragées ; on y renferme
les vêtements précieux. Ils servent aussi de bancs, ce sont

---

(1) Abbé Féraud : *Géographie des Basses-Alpes.*
(2) Archives des Basses-Alpes, serie I, 4, 105.

les archimbancs ; car la chaise est inconnue, l'escabeau seul est en usage.

Derrière la boutique, s'ouvre une spacieuse cuisine qui sert également de salle à manger ; elle est munie d'une fort belle table de noyer aux pieds sculptés, mais la vaisselle me parait assez misérable. De la vaisselle d'étain, c'est mesquin ! Il est vrai que lorsque le roi Louis est venu résider quelques jours à Sisteron, en 1408, les magistrats municipaux ont dû emprunter pareille vaisselle pour sa table. Et il était certes plus mal logé que notre apothicaire. L'appartement qui lui servait de chambre à coucher, de salle à manger et de salle de réception avait reçu tout simplement un lit de paille fraîche (1). Mais pourquoi dans la cuisine ces gobelets d'étain ? Pas de verres, maître Durand ! C'est impardonnable ! Depuis le XIVe siècle les verres sont connus dans les Basses-Alpes et tout près d'ici, Reillanne a vu s'élever au XVe siècle, la première verrerie de la Provence (2). Dois-je avouer qu'un bourgeois aussi cossu se sert de ses dix doigts pour manger et ignore l'usage de la fourchette ? Je ne puis cependant lui en faire un crime. C'est l'habitude de n'avoir pour les bouillis et la soupe que des cuillères de bois ou d'étain et de prendre les viandes avec les doigts. On en est quitte pour s'essuyer avec un morceau de pain... pour ne pas salir les serviettes. Les rois enx-mêmes sont logés à la même enseigne que les vilains. En 1299, le roi d'Angleterre n'avait qu'une fourchette, et, cent ans plus tard,

---

(1) Voir Amman et Garnier : *l'Habitation humaine.* « Jusque dans les demeures royales on sème sur l'aire battue des appartements des roseaux coupés et séchés. Le joncheur de roseaux exerçait un office en titre à la Cour des successeurs de Charlemagne et sa fonction n'était pas une sinécure... »

(2) Abbé Féraud, *op. cit.* — Reillanne a longtemps possédé des gentilshommes verriers. (Archives des Basses-Alpes, série L, 4, 108.)

Charles V n'en possédait que six ; encore servaient-elles à des grillades de fromage au sucre (1).

Mais passons. Voici des chandeliers de laiton et quelques-uns de ces antiques calens, lampes à huile, qu'on suspendait sous le manteau de la cheminée et qui ont à peu près disparu de nos ménages provençaux. Voici encore des sabliers destinés à marquer l'heure et enfin une horloge de chambre, avec ses poids et son timbre, fort belle, *bene pulchrum*, ajoute dans son enthousiasme, celui qui a dressé l'inventaire.

S'il n'a pas de fourchettes, maître Durand a des serviettes, peu en vérité. Cinq seulement. Certainement, elle devaient être réservées pour les jours de fête. Mais quel assortiment de nappes ou « toualhes », les unes courtes, les autres longues, d'autres avec un dessin à la venezzie.

Que servait-on sur ces belles nappes ? Les paysans ignoraient l'usage de cet ornement et se montraient peu exigeants quant au menu, si j'en juge par ce qui se passait à Champtercier. Le jour de la Pentecôte, par suite d'un legs, chaque habitant recevait, pour se régaler, du pain et un plat de fèves cuites à l'huile et au lard ; j'oubliais d'ajouter qu'elles avaient été préalablement bénites par le curé de la paroisse. Les notables du lieu, mieux partagés, s'installaient en public pour absorber un festin composé de chevreau rôti, de recuites et de salades. Les autres avaient la faculté de disserter sur l'appétit de chaque convive (2).

Les gens aisés soignaient davantage leur cuisine, croyez-le bien ! Ce qui frappe, d'abord, c'est l'énorme consommation d'aromates et d'épices que faisaient nos pères et les mélanges bizarres obtenus avec ces substances : poivre, gingembre, cannelle, muscade, eau de rose,

---

(1) Rambaud : *Histoire de la civilisation.*
(2) Abbé Féraud : *Géographie des Basses-Alpes.*

safran, verjus, musc, sauge, menthe, giroflée, fenouil, hysope, anis, violette, etc.

En guise de potage, on mangeait de la bouillie de millet, de froment, de la soupe au miel, à la moutarde. Duguesclin la préférait au vin. Au moment de combattre, il se hâtait d'avaler trois soupes au vin en l'honneur des trois personnes de la Sainte Trinité. Maître Taillevent, cuisinier de Charles VII, jouissait d'une grande réputation, grâce à sa soupe dorée. Voici la recette : tranches de pain grillées, imbibées de vin, de sucre et d'eau de rose, trempées dans des jaunes d'œuf et du safran...

Mais laissons là la soupe et passons au service. On connaît deux sortes de pains : le pain doubleau et le pain rousset. Ce dernier se sert par tranches au commencement du repas afin que chaque convive puisse à son gré le tremper dans le bouillon, d'où le nom de pain assiette ou tranchoir. Comme légumes, beaucoup de purées, de gratins de citrouille, concombre, des salades de laitue, de mauve... Comme viande : mouton, porc, veau, bœuf. Le gibier est fort commun, depuis le gros gibier : ours, sangliers, cerfs, très nombreux dans la forêt de Lure, jusqu'à la perdrix et au vulgaire lapin. Ce dernier est fort estimé à Forcalquier et à Sisteron. Les habitants entretenaient, pour lui faire la chasse, de nombreux furets et leurs ménagères confectionnaient avec les dits lapins de délicieux pâtés. Les chevaliers de Saint-Jean, seigneurs de Manosque, auraient bien voulu prélever une large dîme sur le menu si appétissant de leurs administrés ; mais à la moindre tentative, tout Manosque se levait pour défendre l'intégrité de ses pâtés (1). Nos voisins avaient aussi la spécialité des pâtés au fromage, aux herbes, aux oignons. Les habitants de Sisteron avaient un faible pour les tartes de cochons de lait, les tripettes au safran, les œufs

---

(1) *Livre des Privilèges de Manosque.*

à l'eau de rose et les poissons au lait d'amandes. Les nobles seigneurs qui avaient la chance d'être invités par les Sisteronais faisaient honneur à leur cuisine, si j'en juge par le menu du dîner offert au marquis de Longiano : « pour le souper du dit seigneur, trois pattés de perdrix, » trois pattés de pigeons, trois pattés de conilh (lièvre), » pour la desserte, trois tartes aux pommes, un patté de » codon (coing) et trois plats de petit gibier. » Ne soyez pas étonnés de voir figurer comme dessert le petit gibier. Les médecins condamnaient alors les fruits comme nuisibles à la fin du repas et nous avons conservé l'habitude de prendre comme hors d'œuvre des figues, du melon... Le dessert consistait en dragées, tartes, confitures d'anis, de fenouil, de coriandre, de violette, et en fruits astringents, nèfles, pistaches, noix...

D'ailleurs, quand les autorités de Sisteron, bailli, juge, conseillers, membres du chapitre, banquetaient toutes les années le 9 octobre, elles préféraient la quantité à la qualité, à preuve le menu de 1398 ; on consomma ce jour là 1 bœuf, 8 moutons, 200 œufs, 25 livres de fromage, 800 litres de vin rouge vieux et 125 litres de vin blanc.

Je me hâte de vous dire que le vin de Sisteron était fort renommé. En 1455, Louis XI, encore Dauphin, reçut avec une vraie satisfaction un présent de 16 hectolitres de vin (rouge et blanc), du cru de Montgervi. En 1522, le chevalier Bayard tint garnison à Sisteron ; ses gens d'armes, pour se distraire, vidaient force coupes de ce précieux vin ; pour s'entraîner, en ingurgiter davantage et trouver le vin bon, « per trovar lo vin bon », ils absorbaient une forte quantité de sel (1).

Le vin n'était pas la seule boisson ; les liqueurs étaient nombreuses, vinaigre rosat, verjus, hypocras, ou infusion de cannelle, de musc dans du vin sucré, pument ou nectar,

---

(1) Laplane : *Histoire de Sisteron.*

composé avec du vin, du miel et des épices, — de l'eau
d'or, liqueur où l'on faisait infuser des parcelles d'or ; on
lui attribuait la vertu de prolonger la vie.

Peut-être êtes-vous curieux de connaître la garde-
robe de maître Durand ? Rien de plus facile ! Pas de cottes
de drap ou de peau, serrées à la taille, de sur-cottes ou
manteaux, de chausses ou culottes, c'est le costume du
vilain. Le bourgeois porte d'amples robes flottantes,
cotardies, et a des chaussures fort larges ; il serait fort
mal vu dans ce costume à la Cour des Valois où les courti
sans ont d'étroites jaquettes, des maillots collants et des
souliers à la poulaine, si pointus et si longs, qu'il fallait,
pour ne pas tomber, en rattacher l'extrémité aux ge-
noux (1).

En sa qualité de Provençal, Durand a des tailloles, dont
l'une de toile fine qu'il porte en voyage. Il possède aussi
de nombreuses gibecières, aumônières ou escarcelles qui
remplacent les poches encore inconnues. Mais, détail
curieux, l'inventaire ne mentionne pas de chemises.
Notre bourgeois n'en aurait-il pas ? Cela est bien possible ;
de mauvaises langues prétendent que la reine, femme de
Charles VII, n'en possédait que deux (2), et bien des
courtisans se demandaient à quoi cela pouvait servir.
L'usage était, d'ailleurs, d'enlever le précieux vêtement
avant de se mettre au lit ; c'est ce qui ressort très nettement de l'examen des miniatures du temps.

Les dames ne me pardonneraient pas de ne pas leur
donner au moins un aperçu du costume féminin d'alors.
Je m'exécute ; la chose est facile, l'inventaire est fait de
main de maître. A la Cour, les dames s'astreignent à

---

(1) Voir Chéruel : *Dictionnaire historique des Institut.*, première partie, p. 518

(2) On connaît depuis longtemps la chemise ou tunique à manches courtes
en lin. — Charlemagne en portait, d'après le témoignage d'Eginhard : *Vie de
Charlemagne,* — Voir Maury R. D. M., 1er juillet 1876.

porter de gigantesques *hennins*, sortes de cornets à une ou deux pointes, d'où tombent de longs voiles. Pour passer sous une porte, il faut se courber jusqu'à terre ; mais la mode le veut ainsi ! Notre bourgeoise a tout simplement de belles coiffes brodées. Je ne vois pas non plus dans l'inventaire, de ces robes décolletées mises à la mode en France par Isabeau de Bavière, femme de Charles VI, et qu'un prédicateur appelle « des fenêtres d'enfer ». — Mais, dame Durand possède un manteau de brunette et force robes : de drap rouge garni de velours vert, de camelot jaune garni de passementeries noires ; une robe violette garnie de velours vert, de nombreuses collerettes et même un foudil ou tablier de taffetas. Puis des frontiers ou tours de tête garnis de perles, une ceinture en argent qui atteint le prix de 1,200 francs, des bijoux et des pendants.

Chose curieuse ! Notre apothicaire, qui exerce une profession plutôt pacifique, possède un véritable arsenal : épée longue, épée courte, dagues, poignards, arbalètes, javelines, rien n'y manque ; il a même une brigandine, vêtement spécial aux gens de guerre. Sans doute, il a dû servir dans la garde nationale de l'époque, être de faction sur les remparts aux heures périlleuses. D'ailleurs, il devait être obligé de voyager pour son commerce, et les voyages au moyen âge présentent de sérieux dangers. Tout d'abord, les routes sont très mal entretenues par les seigneurs qui s'en chargent, moyennant l'établissement de nombreux péages ; les ponts sont rares et les brigands sont nombreux. Partout des bandes de routiers, où fraternisent toutes les nations, profitent des années de paix pour vivre aux dépens du pays, en détroussant les voyageurs. Ils ne respectent rien. Arnaud de Cervolles pousse l'audace jusqu'à estorquer au pape une forte somme, et Du Guesclin lui-même, passant par Avignon, avec les grandes compagnies, obtient du pontife tremblant 200,000 livres et sa bénédiction. Voyager pour faire du commerce dans ces conditions, devait être fort périlleux, et tout commerçant devait être habitué au maniement des armes. Est-ce pour cette raison qu'en Provence, tout au moins, beaucoup de nobles sont marchands ? Voici par exemple noble Féraud de la Baume, qui ne trouve pas humiliant d'ouvrir un cabaret. Noble Alain Léant, seigneur de Pierrevert, la Brillanne et autres lieux, prend le titre de barbier de la Chambre des comptes. François de Valavoire est marchand de chausses à Forcalquier. C'est à ce titre qu'il reçoit en apprentissage Pierre Berluquis, de la même ville, « auquel il promet d'apprendre l'art de la chaus- » seterie et même le commerce, selon la science que Dieu » a infusée en lui », {moyennant la somme de 36 florins (1).

Puisque j'ai en mains le fameux inventaire, laissez-moi, en terminant, vous dire deux mots des jeux et de la bibliothèque de maître Gabriel Durand. Je dois avouer qu'il ne possède guère qu'un jeu d'échecs. Il me paraît avoir ignoré l'usage des cartes. Ne craignez rien : si elles ne sont inventées que sous le règne de Charles VI, on découvre, dès 1430, l'art de les imprimer et elles se répandent si rapidement dans nos pays que les magistrats municipaux sont sans cesse obligés de prendre des arrêtés pour essayer d'endiguer la folie du jeu qui s'empare de toutes les classes. — Mais quelle belle bibliothèque possède maître Durand : 40 volumes. C'est énorme pour le temps ! Les premiers livres imprimés commencent à peine à être connus. Les copistes sont rares, travaillent lente-ment, le parchemin est cher. Aussi, les princes, les savants n'ont pas de bibliothèque mieux pourvue que celle de notre apothicaire. Charles V n'a pu réunir dans sa fameuse librairie que 900 livres environ.

Ce sont d'ailleurs volumes respectables, soigneusement reliés avec des planches recouvertes de peau, dont les

---

(1) Voir : Arnaud, *op. cet.* : Laplane, *op. cit.*

anglés sont protégés par du métal et qui ont un énorme fermoir ; pour les soustraire aux tentatives de vol, on a l'habitude de les fixer au pupitre par des chaînes de fer. Maître Durand a une bibliothèque fort variée : livres religieux, livres de morale, de droit, quelques livres de médecine, un traité sur l'art d'élever les chevaux, un autre sur l'élevage des oiseaux, un livre d'astrologie avec des figures et une grammaire grecque.

Ce sont là de petits détails, n'est-ce pas ? Mais ils sont précieux, ils nous permettent de reconstituer le milieu dans lequel ont vécu nos pères. Je ne sais si j'ai pu réussir à vous donner de ce milieu une impression assez forte. Dans ces petites cités tout un monde s'agite, peine, souffre et s'ébat, malgré les mille entraves qui l'enserrent de toutes parts.

Cette civilisation semble bâillonnée, liée par des chaînes étroites ; toute liberté en paraît bannie. Mais la vie est cependant intense et se manifeste par de subites explosions. Là, s'élabore en de lentes et pénibles transformations la société moderne. Vienne une ère meilleure, qu'un peu d'air souffle dans ce milieu si fermé et la flamme jaillira pure et brillante. Le moule étroit se brisera, une société nouvelle en sortira toute organisée, et les idées nobles et généreuses, s'épancheront dans tout le monde. La race est forte et saine, elle résiste à toutes les calamités ; les caractères sont fortement trempés. Dans ce pays, pays de lumière où le soleil luit pour tous, ne peuvent subsister les sombres pensées et les tristes désespérances. Comme l'alouette, l'oiseau national, qui retrouve une fois hors du danger « toute sa sérénité, son indomptable joie », nos aïeux, oubliant un moment leurs misères, laissent parfois s'épancher librement la gaîté si française qui fermente en eux.

(Conférence faite en novembre 1902.)